中华人民共和国
新法规汇编

2022
第12辑

司法部 编

中国法制出版社

编辑说明

一、《中华人民共和国新法规汇编》是国家出版的法律、行政法规汇编正式版本，是刊登报国务院备案并予以登记的部门规章的指定出版物。

二、本汇编收集的内容包括：上一个月内由全国人民代表大会及其常务委员会通过的法律和有关法律问题的决定，国务院公布的行政法规和国务院文件，报国务院备案并予以登记的部门规章，最高人民法院和最高人民检察院公布的司法解释。另外，还收入了上一个月内报国务院备案并予以登记的地方性法规和地方政府规章目录。

三、本汇编所收的内容，按下列分类顺序编排：法律，行政法规，国务院文件，国务院部门规章，司法解释。每类中按公布的时间顺序排列。报国务院备案并予以登记的地方性法规和地方政府规章目录按 1987 年国务院批准的行政区划顺序排列；同一行政区域报备两件以上者，按公布时间顺序排列。

四、本汇编每年出版 12 辑，每月出版 1 辑。本辑为 2022 年度第 12 辑，收入 2022 年 11 月份内公布的报国务院备案并经审查予以登记编号的部门规章 4 件、司法解释 2 件，补收 10 月份内公布的行政法规 1 件、司法解释 1 件，共计 8 件。

五、本汇编在编辑出版过程中，得到了国务院有关部门和有关方面以及广大读者的大力支持和协助，在此谨致谢意。

司法部

2022 年 12 月

目　　录

行政法规

国务院部门规章

司法解释

附：

缔结条约管理办法

（2022年10月16日中华人民共和国国务院令第756号公布　自2023年1月1日起施行）

第一条　为了规范缔结条约工作程序，加强对缔结条约事务的管理，根据《中华人民共和国缔结条约程序法》（以下简称缔约程序法）和有关法律规定，制定本办法。

第二条　国务院或者国务院有关部门缔结条约、协定和其他具有条约、协定性质的文件（以下统称条约），办理相关事务，适用本办法。

第三条　外交部在国务院领导下管理缔结条约的具体事务，指导、督促国务院有关部门依照法定程序办理缔结条约工作。

国务院有关部门在各自职权范围内负责办理缔结条约的相关工作。

第四条　除中华人民共和国宪法、法律和国务院另有授权外，地方各级政府无权缔结条约。

第五条　下列条约，除法律另有规定外，应当以中华人民共和国名义缔结：

（一）友好合作条约、和平条约等政治性条约；

（二）有关领土和划定边界的条约，包括划定陆地边界和海域边界的条约；

（三）有关司法合作的条约，包括司法协助、引渡、被判刑人移管、承认与执行外国法院判决或者仲裁裁决的条约；

（四）其他涉及重大国家利益的条约。

特殊情况下，经国务院审核决定，前款所列条约可以中华人民共和国政府名义缔结。

第六条 下列条约，应当以中华人民共和国政府名义缔结：

（一）涉及国务院职权范围的条约；

（二）涉及两个以上国务院有关部门职权范围的条约；

（三）其他需要以中华人民共和国政府名义缔结的条约。

特殊情况下，经国务院审核决定，前款所列条约可以中华人民共和国政府部门名义缔结。

第七条 国务院各部、委员会、中国人民银行、审计署、具有行政管理职能的直属机构、根据法律规定或者国务院授权承担行政管理职能的国务院其他机构，可以就本部门职权范围内的事项，以中华人民共和国政府部门名义缔结条约。

第八条 条约内容涉及政治、外交、经济、社会、安全等领域重大国家利益的，应当将条约草案及条约草案涉及的重大问题按照有关规定报告党中央。

第九条 以中华人民共和国名义或者中华人民共和国政府名义谈判条约的，由外交部或者国务院有关部门会同外交部在启动谈判前不少于20个工作日报请国务院决定。

第十条 以中华人民共和国政府部门名义谈判条约，有下列情形之一的，由国务院有关部门会同外交部在启动谈判前不少于20个工作日报请国务院决定：

（一）条约内容涉及外交、经济、安全等领域的重大国家利益；

（二）条约内容涉及国务院其他部门职权范围；

（三）其他应当报请国务院决定的情形。

第十一条 条约谈判中，对经国务院决定的条约中方草案所作改动有下列情形之一的，应当重新报请国务院决定：

（一）对中华人民共和国依据该条约享有的权利或者承担的义务有重大影响；

（二）对中华人民共和国在有关重大问题上的立场有影响；

（三）与中华人民共和国法律、行政法规或者中华人民共和国依据其他条约承担的国际义务不一致；

（四）其他应当报请国务院决定的情形。

第十二条 以中华人民共和国名义或者中华人民共和国政府名义签署条约，或者有本办法第十条规定情形之一的，应当由外交部或者国务院有关部门会同外交部在签署前不少于10个工作日报请国务院决定。

确因特殊情况未按前款规定时限报批的，应当向国务院说明理由。

第十三条 条约签署前，国务院有关部门法制机构应当从法律角度对条约进行审查。

以中华人民共和国名义或者中华人民共和国政府名义签署，且根据缔约程序法或者有关规定应当报请国务院审核并建议提请全国人民代表大会常务委员会决定批准或者加入，或者报请国务院核准、决定加入或者接受的条约，内容与中华人民共和国法律、行政法规或者与中华人民共和国依据其他条约承担的国际义务不一致的，国务院有关部门应当在条约签署前不少于30个工作日征求司法部的意见。

第十四条 下列情形，国务院有关部门应当在签署条约的请示中予以说明：

（一）拟签署的条约内容与中华人民共和国法律、行政法规或者与中华人民共和国依据其他条约承担的国际义务是否一致；有不一致的，应当提出解决方案；根据本办法第十三条规定应当征求司法部意见的，还应当附司法部的意见；

（二）拟签署的条约是否需要征询香港特别行政区政府、澳门特别行政区政府的意见以及征询意见的情况；

（三）拟签署的条约属于多边条约的，是否需要作出声明或者保留以及声明或者保留的内容。

第十五条 条约的谈判代表或者签署代表需要出具全权证书的,国务院有关部门应当至少提前10个工作日书面通知外交部办理相关手续,并向外交部提供国务院同意委派该谈判代表或者签署代表的批件。

条约的谈判代表或者签署代表需要出具授权证书的,由谈判代表或者签署代表所属的国务院有关部门办理。授权证书的格式由外交部规定。

第十六条 下列条约,应当由外交部或者国务院有关部门会同外交部自签署之日起180日内报请国务院审核,并建议提请全国人民代表大会常务委员会决定批准:

(一)友好合作条约、和平条约等政治性条约;

(二)有关领土和划定边界的条约,包括划定陆地边界和海域边界的条约;

(三)有关司法合作的条约,包括司法协助、引渡、被判刑人移管、承认与执行外国法院判决或者仲裁裁决的条约;

(四)与中华人民共和国法律有不同规定或者履行条约需要新制定法律的条约;

(五)涉及中央预算调整的条约;

(六)内容涉及立法法第八条规定的只能制定法律的条约;

(七)有关参加政治、经济、安全等领域重要国际组织的条约;

(八)对外交、经济、安全等领域国家利益有重大影响的条约;

(九)条约规定或者缔约各方议定须经批准的条约;

(十)外交部或者国务院有关部门商外交部建议须经批准的条约。

因特殊情况需要延长前款规定时限的,应当在期限届满前向国务院说明理由。

第十七条 下列条约,应当由外交部或者国务院有关部门会同外交部自签署之日起180日内报请国务院核准:

(一)有关边界管理和边防事务的条约;

（二）有关管制物资贸易或者技术合作的条约；

（三）有关军工贸易和军控的条约；

（四）与中华人民共和国行政法规有不同规定或者履行条约需要新制定行政法规的条约；

（五）影响中央预算执行但不涉及预算调整的条约；

（六）涉及中华人民共和国行政法规规定的税收制度的条约；

（七）涉及扩大重要和关键行业外资准入的条约；

（八）对外交、经济、安全等领域国家利益有较大影响的条约；

（九）条约规定或者缔约各方议定须经核准的条约；

（十）外交部或者国务院有关部门商外交部建议须经核准的条约。

因特殊情况需要延长前款规定时限的，应当在期限届满前向国务院说明理由。

第十八条 加入本办法第十六条所列范围的多边条约，应当由外交部或者国务院有关部门会同外交部报请国务院审核，并建议提请全国人民代表大会常务委员会决定。

第十九条 接受多边条约或者加入本办法第十七条所列范围的多边条约，应当由外交部或者国务院有关部门会同外交部报请国务院决定。

第二十条 报请国务院审核并建议提请全国人民代表大会常务委员会决定批准或者加入条约的，应当由外交部或者国务院有关部门会同外交部向国务院报送请示，并附送国务院提请全国人民代表大会常务委员会决定批准或者加入该条约的议案说明、条约作准中文本及其电子文本或者中译本及其电子文本，以及国务院审核同意的条约谈判和签署请示。

属于多边条约的，还应当附送多边条约缔约方的批准、核准、加入和接受情况或者缔约方清单。

第二十一条 报请国务院核准、决定加入或者接受条约的，应当由外交部或者国务院有关部门会同外交部向国务院报送审核并建议核准、决定加入或者接受该条约的请示，并附送条约作准中文本及其电子文本或者中译本及其电子文本，以及国务院审核同意的条约谈判和签署请示。

属于多边条约的，还应当附送多边条约缔约方的批准、核准、加入和接受情况或者缔约方清单。

第二十二条 条约报送部门在将条约报请国务院审核前，应当对条约作准中文本或者中译本进行认真审核，确保内容及其文字表述准确、中外文本一致，格式符合规范要求。

条约报送部门在将条约报请国务院审核前发现条约作准中文本有重大错误的，应当与相关国家、国际组织或者国际会议沟通，并在报送国务院的请示中就沟通情况和修改结果作出说明。

第二十三条 根据缔约程序法和有关规定，需要报国务院备案或者送外交部登记的条约，国务院有关部门应当自条约签署之日起 90 日内办理。

第二十四条 根据本办法第十六条、第十七条、第十八条、第十九条规定报请国务院审核并建议提请全国人民代表大会常务委员会决定批准或者加入，或者报请国务院核准、决定加入或者接受的条约由司法部审查，提出法律意见。

第二十五条 缔结多边条约，除本办法第二十七条规定的情形外，国务院有关部门应当在报请国务院审核并建议提请全国人民代表大会常务委员会决定批准或者加入前，或者报请国务院核准、决定加入或者接受前，通过外交部分别征询香港特别行政区政府、澳门特别行政区政府意见。多边条约规定缔约方不限于主权国家，且根据《中华人民共和国香港特别行政区基本法》和《中华人民共和国澳门特别行政区基本法》，香港特别行政区、澳门特别行政区有权单独签订的，可以不征询香港特别行政区政府、澳门特别行政区政府意见。

缔结双边条约，需要征询香港特别行政区政府、澳门特别行政区政府意见的，由国务院有关部门会同外交部和国务院港澳事务机构参照前款规定办理。

第二十六条 根据本办法第二十五条规定，外交部征询香港特别行政区政府、澳门特别行政区政府意见的事项包括：

（一）条约是否适用于香港特别行政区、澳门特别行政区；

（二）拟对条约作出的有关声明或者保留是否适用于香港特别行政区、澳门特别行政区；

（三）香港特别行政区、澳门特别行政区是否需要作出其他声明或者保留；

（四）条约已经适用于香港特别行政区、澳门特别行政区，且为香港特别行政区、澳门特别行政区作出声明或者保留的，原声明或者保留是否继续有效。

第二十七条 涉及外交、国防事务的条约，或者根据条约性质、规定应当适用于中华人民共和国全部领土的条约，国务院有关部门应当在报请国务院审核并建议提请全国人民代表大会常务委员会决定批准或者加入前，或者报请国务院核准、决定加入或者接受前，通过外交部通知香港特别行政区政府、澳门特别行政区政府条约将适用于香港特别行政区、澳门特别行政区。

拟对条约作出的声明或者保留，涉及外交、国防事务的，依照前款规定办理。

第二十八条 国务院有关部门应当自收到全国人民代表大会常务委员会批准或者加入条约的决定之日起或者自收到国务院核准、决定加入或者接受条约的批复之日起 20 个工作日内，书面通知外交部办理制作、交存或者交换批准书、核准书、加入书或者接受书的具体手续。国务院有关部门对于交存或者交换时机有特别安排的，应当作出说明。

需要向多边条约保存机关通知不接受多边条约的，国务院有关部门应当于条约规定的期限届满至少 10 个工作日前书面通知外交部办理具体手续。

外交部在交存或者交换批准书、核准书、加入书或者接受书时应当提交政府声明。政府声明应当包括条约是否适用于香港特别行政区、澳门特别行政区的内容。

第二十九条 缔结双边条约，需要与缔约另一方相互通知已完成条约生效需要履行的国内法律程序的，国务院有关部门应当自完成批准、核准或者备案手续之日起20个工作日内或者在报送外交部登记时，书面通知外交部办理。

第三十条 适用于香港特别行政区、澳门特别行政区的条约，国务院有关部门应当自条约对中华人民共和国生效的手续办理完毕之日起20个工作日内，将条约适用于香港特别行政区、澳门特别行政区的情况，通过外交部通知香港特别行政区政府、澳门特别行政区政府。

第三十一条 条约扩展适用于香港特别行政区、澳门特别行政区的，国务院有关部门应当参照本办法第二十五条、第二十六条的规定通过外交部分别征询香港特别行政区政府、澳门特别行政区政府意见，并会同外交部提出建议，报请国务院决定。

外交部应当根据国务院批复，向多边条约保存机关提交多边条约扩展适用于香港特别行政区、澳门特别行政区的政府声明，或者与双边条约缔约方达成条约适用于香港特别行政区、澳门特别行政区的具体安排。

第三十二条 根据缔约程序法第十四条的规定保存条约签字正本的，国务院有关部门应当自条约签署之日起90日内将条约签字正本送外交部保存，并附送条约作准中文本或者中译本、作准外文本和相关电子文本。

多边条约拟由中华人民共和国作为正本保存国的，国务院有关部门应当事先商外交部同意，并由外交部履行保存机关职责。

第三十三条 国务院核准、决定加入或者接受的条约或者向国务院备案的条约，应当及时由国务院公报予以公布。

以中华人民共和国政府部门名义缔结的条约，国务院有关部门应当及时予以公布。

第三十四条 外交部应当编辑出版《中华人民共和国条约集》,并建设和维护数字化的条约数据库。

第三十五条 撤回或者修改对条约作出的声明或者保留,依照作出声明或者保留的程序办理,但本办法第三十一条规定的情形除外。

全国人民代表大会常务委员会或者国务院决定撤回或者修改对条约作出的声明或者保留的,国务院有关部门应当自撤回或者修改决定作出之日起20个工作日内,书面通知外交部办理通知多边条约保存机关的手续。

第三十六条 本办法自2023年1月1日起施行。

国务院部门规章

应急管理行政执法人员依法履职管理规定

（2022年10月13日应急管理部令第9号公布　自2022年12月1日起施行　国司备字[2022007254]）

第一条　为了全面贯彻落实行政执法责任制和问责制，监督和保障应急管理行政执法人员依法履职尽责，激励新时代新担当新作为，根据《中华人民共和国公务员法》《中华人民共和国安全生产法》等法律法规和有关文件规定，制定本规定。

第二条　各级应急管理部门监督和保障应急管理行政执法人员依法履职尽责，适用本规定。法律、行政法规或者国务院另有规定的，从其规定。

本规定所称应急管理行政执法人员，是指应急管理部门履行行政检查、行政强制、行政处罚、行政许可等行政执法职责的人员。

应急管理系统矿山安全监察机构、地震工作机构、消防救援机构监督和保障有关行政执法人员依法履职尽责，按照本规定的相关规定执行。根据依法授权或者委托履行应急管理行政执法职责的乡镇政府、街道办事处以及开发区等组织，监督和保障有关行政执法人员依法履职尽责的，可以参照本规定执行。

第三条　监督和保障应急管理行政执法人员依法履职尽责，应当坚持中国共产党的领导，遵循职权法定、权责一致、过罚相当、约束与激励并重、惩戒与教育相结合的原则，做到尽职免责、失职问责。

第四条　应急管理部门应当按照本级人民政府的安排，梳理本部门行政执法依据，编制权责清单，将本部门依法承担的行政执法职责分解落实到所属执法机构和执法岗位。分解落实所属执法机构、执法岗位的执法职责，不得擅自增加或者减少本部门的行政执法权限。

应急管理部门应当制定安全生产年度监督检查计划，按照计划组织开展监督检查。同时，应急管理部门应当按照部署组织开展有关专项治理，依法组织查处违法行为和举报的事故隐患。应急管理部门应当统筹开展前述执法活动，确保对辖区内安全监管重点企业按照明确的时间周期固定开展“全覆盖”执法检查。

应急管理部门应当对照权责清单，对行政许可和其他直接影响行政相对人权利义务的重要权责事项，制定办事指南和运行流程图，并以适当形式向社会公众公开。

第五条　应急管理行政执法人员根据本部门的安排或者当事人的申请，在法定权限范围内依照法定程序履行行政检查、行政强制、行政处罚、行政许可等行政执法职责，做到严格规范公正文明执法，不得玩忽职守、超越职权、滥用职权、徇私舞弊。

第六条　应急管理行政执法人员因故意或者重大过失，未履行、不当履行或者违法履行有关行政执法职责，造成危害后果或者不良影响的，应当依法承担行政执法责任。

第七条　应急管理行政执法人员在履职过程中，有下列情形之一的，应当依法追究有关行政执法人员的行政执法责任：

（一）对符合行政处罚立案标准的案件不立案或者不及时立案的；

（二）对符合法定条件的行政许可申请不予受理的，或者未依照法定条件作出准予或者不予行政许可决定的；

（三）对监督检查中已经发现的违法行为和事故隐患，未依法予以处罚或者未依法采取处理措施的；

（四）涂改、隐匿、伪造、偷换、故意损毁有关记录或者证据，妨碍作证，或者指使、支持、授意他人做伪证，或者以欺骗、利诱等方式调取证据的；

（五）违法扩大查封、扣押范围，在查封、扣押法定期间不作出处理决定或者未依法及时解除查封、扣押，对查封、扣押场所、设施或者财物未尽到妥善保管义务，或者违法使用、损毁查封、扣押场所、设施或者财物的；

（六）违法实行检查措施或者强制措施，给公民人身或者财产造成损害、给法人或者其他组织造成损失的；

（七）选择性执法或者滥用自由裁量权，行政执法行为明显不当或者行政执法结果明显不公正的；

（八）擅自改变行政处罚种类、幅度，或者擅自改变行政强制对象、条件、方式的；

（九）行政执法过程中违反行政执法公示、执法全过程记录、重大执法决定法制审核制度的；

（十）违法增设行政相对人义务，或者粗暴、野蛮执法或者故意刁难行政相对人的；

（十一）截留、私分、变相私分罚款、没收的违法所得或者财物、查封或者扣押的财物以及拍卖和依法处理所得款项的；

（十二）对应当依法移送司法机关追究刑事责任的案件不移送，以行政处罚代替刑事处罚的；

（十三）无正当理由超期作出行政执法决定，不履行或者无正当理由拖延履行行政复议决定、人民法院生效裁判的；

（十四）接到事故报告信息不及时处置，或者弄虚作假、隐瞒真相、通风报信，干扰、阻碍事故调查处理的；

（十五）对属于本部门职权范围的投诉举报不依法处理的；

（十六）无法定依据、超越法定职权、违反法定程序行使行政执法职权的；

（十七）泄露国家秘密、工作秘密，或者泄露因履行职责掌握的商业秘密、个人隐私的；

（十八）法律、法规、规章规定的其他应当追究行政执法责任的情形。

第八条 应急管理行政执法人员在履职过程中，有下列情形之一的，应当从重追究其行政执法责任：

（一）干扰、妨碍、抗拒对其追究行政执法责任的；

（二）打击报复申诉人、控告人、检举人或者行政执法责任追究案件承办人员的；

（三）一年内出现 2 次以上应当追究行政执法责任情形的；

（四）违法或者不当执法行为造成重大经济损失或者严重社会影响的；

（五）法律、法规、规章规定的其他应当从重追究行政执法责任的情形。

第九条 应急管理行政执法人员在履职过程中，有下列情形之一的，可以从轻、减轻追究其行政执法责任：

（一）能够主动、及时报告过错行为并采取补救措施，有效避免损失、阻止危害后果发生或者挽回、消除不良影响的；

（二）在调查核实过程中，能够配合调查核实工作，如实说明本人行政执法过错情况的；

（三）检举同案人或者其他人应当追究行政执法责任的问题，或者有其他立功表现，经查证属实的；

（四）主动上交或者退赔违法所得的；

（五）法律、法规、规章规定的其他可以从轻、减轻追究行政执法责任的情形。

第十条 有下列情形之一的，不予追究有关行政执法人员的行政执法责任：

（一）因行政执法依据不明确或者对有关事实和依据的理解认识不一致，致使行政执法行为出现偏差的，但故意违法的除外；

（二）因行政相对人隐瞒有关情况或者提供虚假材料导致作出错误行政执法决定，且已按照规定认真履行审查职责的；

（三）依据检验、检测、鉴定、评价报告或者专家评审意见等作出行政执法决定，且已按照规定认真履行审查职责的；

（四）行政相对人未依法申请行政许可或者登记备案，在其违法行为造成不良影响前，应急管理部门未接到投诉举报或者由于客观原因未能发现的，但未按照规定履行监督检查职责的除外；

（五）按照批准、备案的安全生产年度监督检查计划以及有关专项执法工作方案等检查计划已经认真履行监督检查职责，或者虽尚未进行监督检查，但未超过法定或者规定时限，行政相对人违法的；

（六）因出现新的证据致使原认定事实、案件性质发生变化，或者因标准缺失、科学技术、监管手段等客观条件的限制未能发现存在问题、无法定性的，但行政执法人员故意隐瞒或者因重大过失遗漏证据的除外；

（七）对发现的违法行为或者事故隐患已经依法立案查处、责令改正、采取行政强制措施等必要的处置措施，或者已依法作出行政处罚决定，行政相对人拒不改正、违法启用查封扣押的设备设施或者仍违法生产经营的；

（八）对拒不执行行政处罚决定的行政相对人，已经依法申请人民法院强制执行的；

（九）因不可抗力或者其他难以克服的因素，导致未能依法履行职责的；

（十）不当执法行为情节显著轻微并及时纠正，未造成危害后果或者不良影响的；

（十一）法律、法规、规章规定的其他不予追究行政执法责任的情形。

第十一条　在推进应急管理行政执法改革创新中因缺乏经验、先行先试出现的失误，尚无明确限制的探索性试验中的失误，为推动发展的无意过失，免予或者不予追究行政执法责任。但是，应当及时依法予以纠正。

第十二条　应急管理部门对发现的行政执法过错行为线索，

依照《行政机关公务员处分条例》等规定的程序予以调查和处理。

第十三条 追究应急管理行政执法人员行政执法责任，应当充分听取当事执法人员的意见，全面收集相关证据材料，以法律、法规、规章等规定为依据，综合考虑行政执法过错行为的性质、情节、危害程度以及执法人员的主观过错等因素，做到事实清楚、证据确凿、定性准确、处理恰当、程序合法、手续完备。

行政执法过错行为情节轻微、危害较小，且具有法定从轻或者减轻情形的，根据不同情况，可以予以谈话提醒、批评教育、责令检查、诫勉、取消当年评优评先资格、调离执法岗位等处理，免予或者不予处分。

第十四条 应急管理部门发现有关行政执法人员涉嫌违反党纪或者涉嫌职务违法、职务犯罪的，应当依照有关规定及时移送纪检监察机关处理。

纪检监察机关和其他有权单位介入调查的，应急管理部门可以按照要求对有关行政执法人员是否依法履职、是否存在行政执法过错行为等问题，组织相关专业人员进行论证并出具书面论证意见，作为有权机关、单位认定责任的参考。

对同一行政执法过错行为，纪检监察机关已经给予党纪、政务处分的，应急管理部门不再重复处理。

第十五条 应急管理行政执法人员依法履行职责受法律保护。有权拒绝任何单位和个人违反法定职责、法定程序或者有碍执法公正的要求。

对地方各级党委、政府以及有关部门、单位领导干部及相关人员非法干预应急管理行政执法活动的，应急管理行政执法人员应当全面、如实记录，其所在应急管理部门应当及时向有关机关通报反映情况。

第十六条 应急管理行政执法人员因依法履行职责遭受不实举报、诬告陷害以及侮辱诽谤，致使名誉受到损害的，其所在的应急管理部门应当以适当方式及时澄清事实，消除不良影响，维护应急管理行政执法人员声誉，并依法追究相关单位或者个人的责任。

应急管理行政执法人员因依法履行职责，本人或者其近亲属遭受恐吓威胁、滋事骚扰、攻击辱骂或者人身、财产受到侵害的，其所在的应急管理部门应当及时告知当地公安机关并协助依法处置。

第十七条 各级应急管理部门应当为应急管理行政执法人员依法履行职责提供必要的办公用房、执法装备、后勤保障等条件，并采取措施保障其人身健康和生命安全。

第十八条 各级应急管理部门应当加强对应急管理行政执法人员的专业培训，建立标准化制度化培训机制，提升应急管理行政执法人员依法履职能力。

应急管理部门应当适应综合行政执法体制改革需要，组织开展应急管理领域综合行政执法人才能力提升行动，培养应急管理行政执法骨干人才。

第十九条 应急管理部门应当建立健全评议考核制度，遵循公开、公平、公正原则，将应急管理行政执法人员依法履职尽责情况纳入行政执法评议考核范围，有关考核标准、过程和结果以适当方式在一定范围内公开。强化考核结果分析运用，并将其作为干部选拔任用、评优评先的重要依据。

第二十条 对坚持原则、敢抓敢管、勇于探索、担当作为，在防范化解重大安全风险、应急抢险救援等方面或者在行政执法改革创新中作出突出贡献的应急管理行政执法人员，应当按照规定给予表彰奖励。

第二十一条 本规定自2022年12月1日起施行。原国家安全生产监督管理总局2009年7月25日公布、2013年8月29日第一次修正、2015年4月2日第二次修正的《安全生产监管监察职责和行政执法责任追究的规定》同时废止。

鼓励外商投资产业目录
（2022 年版）

（2022 年 10 月 26 日国家发展和改革委员会、商务部令第 52 号公布　自 2023 年 1 月 1 日起施行　国司备字［2022007276］）

为落实外商投资法及其实施条例，根据国民经济和社会发展需要，鼓励和引导外国投资者在特定行业、领域、地区投资，制定本目录。

本目录共包括两部分，一是全国鼓励外商投资产业目录，二是中西部地区外商投资优势产业目录。

2020 年 12 月 27 日国家发展改革委、商务部发布的《鼓励外商投资产业目录（2020 年版）》自 2023 年 1 月 1 日起废止。

全国鼓励外商投资产业目录

一、农、林、牧、渔业

1. 木本食用油料、调料和工业原料的种植、开发、生产

2. 绿色、有机蔬菜（含食用菌、西甜瓜）、干鲜果品、茶叶栽培技术开发、种植及产品生产

3. 酿酒葡萄育种、种植、生产

4. 啤酒原料育种、种植、生产

5. 糖料、果树、牧草等农作物栽培新技术开发及产品生产

6. 高产高效青贮饲料专用植物新品种培育、开发

7. 花卉生产与苗圃基地的建设、经营

8. 橡胶、油棕、剑麻、咖啡种植

9. 芳香植物的育种、种植，精油的萃取

10. 中药材种植、养殖

11. 农作物秸秆资源综合利用、有机肥料资源的开发、生产

12. 森林资源培育（速生丰产用材林、大径级用材林、竹林、油茶等经济林、珍贵树种用材林等）

13. 林下生态种养

14. 畜禽标准化规模养殖技术和智能化养殖技术开发与应用

15. 种畜禽和水产苗种繁育（不含我国特有的珍贵优良品种）

16. 防治荒漠化、水土保持和国土绿化等生态环境保护工程建设、经营

17. 水产品养殖、深水网箱养殖、工厂化水产养殖、生态型海洋增养殖

18. 高效节水灌溉、农田土壤改良及生态治理、盐碱地等耕地后备资源综合利用、绿色农田建设及技术开发与应用；农村环境整治、农村生活污水和垃圾治理、水生态环境治理与修复相关工程建设及技术开发与应用

19. 农产品仓储保鲜冷链物流设施建设

20. 智慧农业（软件技术与装备集成应用，农业生产经营管理数字化改造）

21. 农村电子商务及乡村新型服务业，包括适应农业生产规模化、标准化、机械化的农业生产性服务，以及乡村生活服务

22. 休闲农业和乡村旅游业，休闲观光、农事体验、户外拓展、生态康养、劳动教育实践基地建设

23. 安全高效环保饲料及饲料添加剂（含维生素、蛋氨酸、饲料酶），动物促生长用抗菌药物替代产品开发、生产

二、采矿业

24. 石油、天然气（含页岩气、煤层气）的勘探、开发和矿井瓦斯利用

25. 提高原油采收率(以工程服务形式)及相关新技术的开发与应用

26. 物探、钻井、测井、录井、井下作业等石油勘探开发新技术的开发与应用

27. 提高矿山尾矿利用率的新技术开发与应用及矿山生态恢复技术的综合应用

28. 我国紧缺矿种(如钾盐、铬铁矿等)的勘探、开采和选矿

三、制造业

(一)农副食品加工业

29. 宠物饲料、食品开发、生产

30. 水产品加工、贝类净化及加工、海藻保健食品开发

31. 蔬菜、干鲜果品、禽畜产品加工

(二)食品制造业

32. 高温杀菌乳(132℃并保持很短时间的杀菌)的开发、生产

33. 干酪和再制干酪、干酪制品生产

34. 婴幼儿配方食品、婴幼儿辅助食品、特殊医学用途配方食品及保健食品的开发、生产

35. 烘焙食品(含使用天然可可豆的巧克力及其制品)、方便食品、冰淇淋及其相关配料的开发、生产

36. 糖果、口香糖、蜜饯、酸奶生产

37. 森林食品加工

38. 植物蛋白仿生肉食品开发、生产

39. 天然食品添加剂、天然香料新技术开发与生产

40. 无菌液态食品包装材料的开发、生产

(三)酒、饮料和精制茶制造业

41. 果蔬汁类及其饮料、蛋白饮料、茶饮料、咖啡饮料、植物饮料的开发、生产

(四)纺织业

42. 采用非织造、机织、针织、编织、三维立体编织等工艺及多

种工艺复合、长效整理等新技术，生产功能性产业用纺织品

43. 采用数字化智能化印染技术装备、染整清洁生产技术（酶处理、高效短流程前处理、针织物连续平幅前处理、低温前处理及染色、低盐或无盐染色、低尿素印花、小浴比气流或气液染色、数码喷墨印花、泡沫整理等）、功能性整理技术、新型染色加工技术、复合面料加工技术，生产高档纺织面料；智能化筒子纱染色技术装备开发与应用

44. 符合环保要求的特种动物纤维、麻纤维、桑柞蚕丝、彩色棉花、彩色桑茧丝类天然纤维的加工技术与产品生产

45. 废旧纺织品分选、回收、利用

46. 治疗性医疗卫生用纺织品、人造皮肤、可吸收缝合线、疝气修复材料、新型透析膜材料、介入治疗用导管、高端功能型生物医用敷料等的生产和研发

（五）纺织服装、服饰业

47. 高支棉纱的生产

48. 采用计算机集成制造系统的服装及服装半成品生产

49. 功能性特种服装生产

（六）皮革、毛皮、羽毛及其制品和制鞋业

50. 皮革和毛皮清洁化技术加工

51. 皮革后整饰新技术加工

52. 皮革废弃物综合利用

53. 高性能弹性体鞋材生产

（七）木材加工和木、竹、藤、棕、草制品业

54. 林业三剩物，“次、小、薪”材、废旧木材和竹材的综合利用新技术、新产品开发、生产，木竹材生产污染控制治理、细微颗粒物减排与粉尘防爆技术开发与应用

55. 木结构及木质建材新技术、新产品开发、生产

56. 废旧木材循环利用新技术、新产品开发、生产

（八）文教、工美、体育和娱乐用品制造业

57. 高档地毯、刺绣、抽纱产品生产

（九）石油加工、炼焦和核燃料加工业

58. 酚油加工、洗油加工、蒽油加工、萘油加工、煤沥青制备高端化学品（不含改质沥青）

（十）化学原料和化学制品制造业

59. 有机硅新型下游产品开发、生产

60. 合成材料的配套原料：过氧化氢氧化丙烯法环氧丙烷、过氧化氢氧化氯丙烯法环氧氯丙烷、萘二甲酸二甲酯（NDC）、1,4-环己烷二甲醇（CHDM）、5万吨/年及以上丁二烯法己二腈、己二胺、降冰片烯生产

61. 多乙烯多胺产品生产

62. 高碳α烯烃共聚茂金属聚乙烯、COC/COP环烯烃聚合物等高端聚烯烃的开发、生产

63. 合成纤维原料生产：1,3-丙二醇

64. 合成橡胶生产：丙烯酸酯橡胶、氯醇橡胶，以及特种氟橡胶、硅橡胶、氟硅橡胶、热塑性聚氨酯橡胶等特种橡胶

65. 工程塑料及塑料合金生产：聚苯硫醚、聚醚醚酮、聚酰亚胺、聚砜、聚醚砜、聚芳酯（PAR）、聚苯醚、特种聚酰胺（PA）及其改性材料、液晶聚合物等产品

66. 精细化工：催化剂新产品、新技术，染（颜）料商品化加工技术，电子化学品和造纸化学品，皮革化学品，油田助剂，表面活性剂及关键原料精制环氧乙烷的氮气保护双壳塔安全生产技术，水处理剂及关键原材料生产，高固体分、无溶剂、水性、电子束固化、紫外光固化、反应型的胶粘剂及包括高端丙烯酸丁酯和高端丙烯酸辛酯、聚酯多元醇、固化剂在内的关键原材料的生产，密封胶、胶粘带及关键原材料生产，高效、安全、环境友好等增塑剂（聚酯类增塑剂等）、无卤阻燃剂、永久抗静电剂、有机热稳定剂、成核剂等新型塑料助剂生产，无机纤维、无机纳米材料生产，颜料包膜处理深加

工，环保型表面处理技术产品开发、生产，腐植酸类精细化工产品开发、生产

67. 水性油墨和胶粘剂、电子束固化紫外光固化等低挥发性油墨和胶粘剂、环保型有机溶剂材料、环保型有机无溶剂材料生产

68. 天然香料、合成香料、单离香料以及香料组分的中间体柠檬醛的生产

69. 高性能涂料、胶粘剂，高固体分、水性、粉末、辐射固化、无溶剂等低 VOCs 含量工业涂料及配套树脂，水性工业涂料及配套水性树脂（包括高端丙烯酸丁酯和高端丙烯酸辛酯）生产

70. 高性能氟树脂、氟膜材料，医用含氟中间体，符合国际公约的零 ODP 和低 GWP 制冷剂、清洗剂、发泡剂等生产

71. 氢燃料绿色制备技术（化学副产品制氢、生物制氢、来自可再生能源的电解水制氢等）开发、储存、运输、液化

72. 大型、高压、高纯度工业气体（含电子气体）的生产和供应

73. 碳捕集利用与封存（CCUS）项目建设和经营

74. 从磷化工、铝冶炼中回收氟资源生产

75. 林业化学产品新技术、新产品开发、生产

76. 环保用无机、有机和生物膜开发、生产

77. 新型肥料开发、生产：高浓度钾肥、复合型微生物接种剂、复合微生物肥料、秸杆及垃圾腐熟剂、特殊功能微生物制剂、腐植酸类肥料

78. 高效、安全、环境友好的农药新品种、新剂型、专用中间体、助剂的开发、生产，以及相关清洁生产工艺的开发与应用、定向合成法手性和立体结构农药生产

79. 生物农药及生物防治产品开发、生产：微生物杀虫剂、微生物杀菌剂、农用抗生素、生物刺激素、昆虫信息素、天敌昆虫、微生物除草剂

80. 废气、废液、废渣综合利用和处理、处置

81. 有机高分子材料生产：飞机蒙皮涂料、稀土硫化铈红色染

料、无铅化电子封装材料、彩色等离子体显示屏专用系列光刻浆料、小直径大比表面积超细纤维、高精度燃油滤纸、表面处理自我修复材料、超疏水纳米涂层材料、超高折光学树脂材料、环保可回收太阳能组件用共挤背板及背板用塑料材料、汽车启停铅蓄电池隔膜、储能铅蓄电池隔膜

82. 林业生物质能源新技术、新产品开发、生产及应用

83. 石化化工原料低碳升级工艺开发:电驱动乙烯裂解;逆向水煤气变换和部分氧化的工艺,将二氧化碳与轻烃作为原料转化为一氧化碳

(十一)医药制造业

84. 新型化合物药物或活性成份药物的生产(包括原料药和制剂)

85. 氨基酸类:发酵法生产色氨酸、组氨酸、蛋氨酸等生产

86. 新型抗癌药物、新型心脑血管药及新型神经系统用药的开发、生产

87. 采用生物工程技术的新型药物生产

88. 艾滋病疫苗、丙肝疫苗、避孕疫苗及宫颈癌、疟疾、手足口病等新型疫苗生产

89. 海洋药物的开发、生产

90. 药品制剂生产:采用缓释、控释、靶向、透皮吸收等新技术的新剂型、新产品

91. 新型药用辅料的开发、生产

92. 动物专用抗菌原料药生产(包括抗生素、化学合成类)

93. 兽用抗菌药、驱虫药、杀虫药、抗球虫药新产品及新剂型生产

94. 新型诊断试剂的开发、生产

95. 细胞治疗药物研发与生产(禁止外商投资领域除外)

96. 疫苗、细胞治疗药物等生产用新型关键原材料、大规模细胞培养产品的开发、生产

97. 新型药用包装材料与技术的开发、生产(中性硼硅药用玻璃,化学稳定性好、可降解,具有避光、高阻隔性的功能性材料,COP环烯烃聚合物药包材料,气雾剂、粉雾剂、自我给药、预灌封、自动混药等新型包装给药系统及给药装置)

98. 罕见病用药、儿童专科用药的开发、生产

99. 医药制造业相关耗材开发、生产:分离纯化介质、固相合成介质、手性拆分介质、药物杂质控制检测耗材等

(十二)化学纤维制造业

100. 差别化、功能性聚酯(PET)的连续共聚改性[阳离子染料可染聚酯(CDP、ECDP)、碱溶性聚酯(COPET)、高收缩聚酯(HS-PET)、阻燃聚酯、低熔点聚酯、非结晶聚酯、生物可降解聚酯、采用绿色催化剂生产的聚酯等];阻燃、抗静电、抗紫外、抗菌、相变储能、光致变色、原液着色等差别化、功能性化学纤维的高效柔性化制备技术研发;智能化、超仿真等功能性化学纤维生产;原创性开发高速纺丝加工用绿色高效环保油剂生产

101. 高性能纤维及制品的开发、生产:碳纤维(CF)、芳纶(AF)、芳砜纶(PSA)、超高分子量聚乙烯纤维(UHMWPE)、聚苯硫醚纤维(PPS)、聚酰亚胺纤维(PI)、聚四氟乙烯纤维(PTFE)、聚苯并双噁唑纤维(PBO)、聚芳噁二唑纤维(POD)、玄武岩纤维(BF)、碳化硅纤维(SiCF)、聚醚醚酮纤维(PEEK)、高强型玻璃纤维(HT-AR)、聚(2,5-二羟基-1,4-苯撑吡啶并二咪唑)(PIPD)纤维

102. 纤维及非纤维用新型聚酯生产:聚对苯二甲酸丙二醇酯(PTT)、聚萘二甲酸乙二醇酯(PEN)、聚对苯二甲酸环已烷二甲醇酯(PCT)、二元醇改性聚对苯二甲酸乙二醇酯(PETG)、聚乳酸(PLA,以非粮生物质为原料)

103. 利用新型可再生资源和绿色环保工艺生产生物质纤维,包括新溶剂法纤维素纤维(Lyocell)、以竹、麻等为原料的再生纤维素纤维、聚乳酸纤维(PLA)、甲壳素纤维、聚羟基脂肪酸酯纤维(PHA)、动植物蛋白纤维、聚丁二酸丁二醇酯(PBS)等

104. 尼龙11、尼龙12、尼龙1414、尼龙46、尼龙56(以非粮生物质为原料)、长碳链尼龙、耐高温尼龙等新型聚酰胺,差别化、功能性、高附加值改性尼龙(包括尼龙弹性体、共聚尼龙、尼龙工程塑料、阻燃尼龙)开发、生产

105. 垃圾填埋场防渗土工膜开发、生产

(十三)橡胶和塑料制品业

106. 有机硅制品的开发、生产、应用

107. 生物可降解塑料及其制品的开发、生产、应用

108. 新型光生态多功能宽幅农用薄膜、无污染可降解农用薄膜开发、生产

109. 废旧塑料的分选、回收和再利用

110. 塑料软包装新技术、新产品(高阻隔、多功能膜及原料)开发、生产

(十四)非金属矿物制品业

111. 节能、环保、利废、轻质高强、高性能、多功能建筑材料开发、生产

112. 模压注塑、模挤一体化成型产品开发、生产

113. 以塑代钢、以塑代木、节能高效的化学建材品生产

114. 新型装配式建筑构件智能制造

115. 年产1000万平方米及以上弹性体、塑性体改性沥青防水卷材,宽幅(2米以上)三元乙丙橡胶防水卷材及配套材料,宽幅(2米以上)聚氯乙烯防水卷材,热塑性聚烯烃(TPO)防水卷材生产

116. 新技术功能玻璃开发、生产:透红外线无铅硫系玻璃及制品、光学性能优异多功能风挡玻璃(光透射率≥70%)、镀膜隐私风挡玻璃、隔音风挡玻璃、太阳能风挡玻璃、导电变色风挡玻璃、电加热风挡玻璃、抬头显示风挡玻璃、真空玻璃、高纯(≥99.998%)超纯(≥99.999%)水晶原料提纯加工

117. 薄膜电池发电玻璃、太阳能集光镜玻璃、建筑用光伏发电玻璃生产

118. 8 万吨/年及以上无碱玻璃纤维粗纱（单丝直径>9 微米）池窑拉丝生产，5 万吨/年及以上无碱玻璃纤维细纱（单丝直径≤9 微米）池窑拉丝生产，超细玻璃纤维（单丝直径≤5 微米）、可降解玻璃纤维、异形截面玻璃纤维、耐碱玻璃纤维、低介电玻璃纤维、石英玻璃纤维、高硅氧玻璃纤维、高强高弹玻璃纤维、陶瓷纤维等高性能及特种玻璃纤维生产，玻璃纤维毡、布等制品生产

119. 光学纤维及制品生产：传像束及激光医疗光纤、超二代和三代微通道板、光学纤维面板、倒像器及玻璃光锥

120. 陶瓷原料的标准化精制、陶瓷用高档装饰材料生产

121. 水泥、电子玻璃、陶瓷、微孔炭砖等窑炉用长寿命节能环保（无铬化）耐火材料生产

122. 多孔陶瓷生产

123. 无机非金属新材料及制品生产：复合材料、特种陶瓷、特种密封材料（含高速油封材料）、特种摩擦材料（含高速摩擦制动制品）、特种胶凝材料、特种乳胶材料、水声橡胶制品、纳米材料

124. 有机-无机复合泡沫保温材料生产、建筑高性能节能保温材料、现代集中农业养殖业保温隔离材料生产

125. 高技术复合材料生产：连续纤维增强热塑性复合材料和预浸料、耐温>300℃树脂基复合材料成型用工艺辅助材料、可生物降解树脂基复合材料、增材制造用树脂基复合材料、树脂基复合材料（包括体育用品、轻质高强交通工具部件）、特种功能复合材料及制品（包括深水及潜水复合材料制品、医用及康复用复合材料制品）、碳/碳复合材料、高性能陶瓷基复合材料及制品、金属基和玻璃基复合材料及制品、金属层状复合材料及制品、压力≥320MPa 超高压复合胶管、大型客机航空轮胎、聚酯结构发泡材料（用于轻质高强交通工具部件、风电叶片芯材、建筑建材等领域）

126. 精密高性能陶瓷原料生产：碳化硅（SiC）超细粉体（纯度>99%，平均粒径<1μm）、氮化硅（Si_3N_4）超细粉体（纯度>99%，平均粒径<1μm）、高纯超细氧化铝微粉（纯度>99.9%，平均粒径<

0.5μm）、低温烧结氧化锆（ZrO_2）粉体（烧结温度<1350℃）、高纯氮化铝（AlN）粉体（纯度>99%，平均粒径<1μm）、金红石型 TiO_2 粉体（纯度>98.5%）、白炭黑（粒径<100nm）、钛酸钡（纯度>99%，粒径<1μm）

127. 高品质人工晶体及晶体薄膜制品开发、生产：高品质人工合成水晶（压电晶体及透紫外光晶体）、超硬晶体（立方氮化硼晶体）、耐高温高绝缘人工合成绝缘晶体（人工合成云母）、新型电光晶体、大功率激光晶体及大规格闪烁晶体、金刚石膜工具、厚度0.3mm及以下超薄人造金刚石锯片

128. 非金属矿精细加工（超细粉碎、高纯、精制、改性）

129. 超高功率石墨电极生产

130. 珠光云母生产（粒径3-150μm）

131. 多维多向整体编制织物及仿形织物生产

132. 利用新型干法水泥窑、烧结墙体材料生产无害化处置固体废弃物

133. 建筑垃圾再生利用

134. 工业副产石膏等产业废弃物综合利用

135. 非金属矿山尾矿综合利用的新技术开发与应用及矿山生态恢复

136. 耐高温及耐腐蚀滤料开发、生产

（十五）有色金属冶炼和压延加工业

137. 高新技术有色金属材料及其产品生产：高温超导材料，记忆合金材料（钛镍、铜基及铁基记忆合金材料），超细（纳米）碳化钨及超细（纳米）晶硬质合金，超硬复合材料，贵金属复合材料，轻金属复合材料，新一代信息技术产业、航空航天装备、电力装备、先进轨道交通装备、生物医药及高性能医疗装备、海洋工程装备及高技术船舶、节能与新能源汽车、高档数控机床及机器人、农机装备、节能环保领域用高性能轻金属及铜合金材料深加工，泡沫铝，原子能级海绵锆，钨及钼深加工产品

138. 符合稀土新材料要求的稀土高端应用产品加工

139. 高性能铝钛硼晶粒细化剂生产

（十六）金属制品业

140. 航空、航天、船舶、汽车、摩托车轻量化及环保型新材料研发、制造（专用铝板、铝镁合金材料、摩托车铝合金车架等）

141. 用于包装各类粮油食品、果蔬、饮料、日化产品等内容物的金属包装制品（应为完整品，容器壁厚度小于 0.3 毫米）的制造及加工（包括制品的内外壁印涂加工）

142. 建筑用钢纤维制造

（十七）通用设备制造业

143. 高档数控机床及关键零部件制造：五轴联动数控机床、数控坐标镗铣加工中心、数控坐标磨床

144. 大型（装炉量 1 吨以上）多功能可控气氛热处理设备、程控化学热处理设备、程控多功能真空热处理设备及装炉量 500 公斤以上真空热处理设备、全纤维炉衬热处理加热炉制造

145. 报废汽车拆解、破碎及后处理分选设备制造

146. FTL 柔性生产线制造

147. 高端精密工具制造、纳米复合涂层及高端加工设备生产制造

148. 亚微米级超细粉碎机制造

149. 400 吨及以上轮式、履带式起重机械制造

150. 工作压力≥35MPa 高压柱塞泵及马达、工作压力≥35MPa 低速大扭矩马达的设计与制造

151. 工作压力≥25MPa 的整体式液压多路阀，电液比例伺服元件制造

152. 阀岛、功率 0.35W 以下气动电磁阀、200Hz 以上高频电控气阀设计与制造

153. 使用温度在−120℃以下或 530℃以上的阀门生产

154. 静液压驱动装置设计、制造

155. 压力 10MPa 以上非接触式气膜密封、压力 10MPa 以上干气密封（包括实验装置）的开发、制造

156. 重复精度小于等于 0.03 度，轴向跳动小于等于 0.02mm 气动执行器设计、制造

157. 噪声与振动污染控制设备制造：声屏障、消声器、阻尼弹簧隔振器

158. 汽车用高分子材料（摩擦片、改型酚醛活塞、非金属液压总分泵等）设备开发、制造

159. 商用车第二代轮毂轴承（THU2）、第三代及以上轿车轮毂轴承、高中档数控机床和加工中心轴承、高速线材和板材轧机轴承、高速铁路轴承、振动值 Z4 以下低噪音轴承、各类轴承的 P4 和 P2 级轴承、风力发电机组轴承、航空轴承、飞机发动机轴承及其他航空轴承、医疗 CT 机轴承、深井超深井石油钻机轴承、海洋工程轴承、电动汽车驱动电机系统高速轴承（转速≥1.2 万转/分钟）、工业机器人 RV 减速机谐波减速机轴承、盾构机轴承、机加工数控机床、大型轴承热处理设备制造

160. 高速列车用齿轮变速器，船用可变桨齿轮传动系统，大型、重载齿轮箱的制造

161. 耐高温绝缘材料（绝缘等级为 F、H 级）及绝缘成型件制造

162. 蓄能器胶囊、液压气动用橡塑密封件开发与制造

163. 高精度、高强度（12.9 级以上）、异形、组合类紧固件制造

164. 微型精密传动联结件（离合器）制造

165. 大型轧机连接轴制造

166. 机床、工程机械、铁路机车装备等机械设备再制造，汽车零部件再制造

167. 1000 万像素以上或水平视场角 120 度以上数字照相机及其光学镜头、光电模块的开发、制造

168. 办公机械（含工业用途）制造：多功能一体化办公设备（复印、打印、传真、扫描），打印设备，精度 2400dpi 及以上高分辨率彩

色打印机头,感光鼓

169. 电影机械制造:2K、4K数字电影放映机,数字电影摄像机,数字影像制作、编辑设备

170. 船舶污染物港口接收处置设施建设及设备制造,港口危险化学品、油品应急设施建设及设备制造

171. 工业节水工艺、技术开发应用和相关装备制造

(十八)专用设备制造业

172. 矿山无轨采、装、运设备制造:200吨及以上电动轮矿用自卸车,移动式破碎机,5000立方米/小时及以上斗轮挖掘机,8立方米及以上矿用装载机,2500千瓦以上电牵引采煤机设备等

173. 物探(不含重力、磁力测量)、测井设备制造:MEME地震检波器,数字遥测地震仪,数字成像、数控测井系统,水平井、定向井、钻机装置及器具,MWD随钻测井仪

174. 石油勘探、钻井、集输设备制造:工作水深大于1500米的浮式钻井系统和浮式生产系统及配套海底采油、集输设备

175. 口径2米以上深度30米以上大口径旋挖钻机、直径1.2米以上顶管机、回拖力300吨以上大型非开挖铺设地下管线成套设备、地下连续墙施工钻机制造

176. 520马力及以上大型推土机设计、制造

177. 100立方米/小时及以上规格的清淤机、1000吨及以上挖泥船的挖泥装置设计、制造

178. 防汛堤坝用混凝土防渗墙施工装备设计、制造

179. 土木工程结构防震减灾装置制造

180. 水下土石方施工机械制造:水深9米以下推土机、装载机、挖掘机等

181. 公路桥梁养护、自动检测设备制造

182. 公路隧道营运监控、通风、防灾和救助系统设备制造

183. 铁路大型施工、铁路线路、桥梁、隧道维修养护机械和检查、监测设备及其关键零部件的设计、制造

184. 多元素、细颗粒、难选冶金属矿产的选矿装置制造

185. 100 万吨/年及以上乙烯成套设备中的关键设备制造：年处理能力 40 万吨以上混合造粒机，直径 1000 毫米及以上螺旋卸料离心机，小流量高扬程离心泵

186. 金属制品模具（铜、铝、钛、锆的管、棒、型材挤压模具）设计、制造

187. 汽车车身外覆盖件冲压模具，汽车仪表板、保险杠等大型注塑模具，汽车及摩托车夹具、检具设计、制造

188. 汽车动力电池专用生产设备的设计、制造

189. 精密模具（冲压模具精度高于 0.02 毫米、型腔模具精度高于 0.05 毫米）设计、制造

190. 6 万瓶/小时及以上啤酒灌装设备、5 万瓶/小时及以上饮料中温及热灌装设备、3.6 万瓶/小时及以上无菌灌装设备制造

191. 氨基酸、酶制剂、食品添加剂等生产技术及关键设备制造

192. 10 吨/小时及以上的饲料加工成套设备及关键部件制造

193. 楞高 0.75 毫米及以下的轻型瓦楞纸板及纸箱设备制造

194. 单张纸多色胶印机（幅宽≥750 毫米，印刷速度：单面多色≥16000 张/小时，双面多色≥13000 张/小时）制造

195. 单幅单纸路卷筒纸平版印刷机印刷速度大于 75000 对开张/小时（787×880 毫米）、双幅单纸路卷筒纸平版印刷机印刷速度大于 170000 对开张/小时（787×880 毫米）、商业卷筒纸平版印刷机印刷速度大于 50000 对开张/小时（787×880 毫米）制造

196. 多色宽幅柔性版印刷机（印刷宽度≥1300 毫米，印刷速度≥350 米/秒），喷墨数字印刷机（出版用：印刷速度≥150 米/分，分辨率≥600dpi；包装用：印刷速度≥30 米/分，分辨率≥1000dpi；可变数据用：印刷速度≥100 米/分，分辨率≥300dpi）制造

197. 计算机墨色预调、墨色遥控、水墨速度跟踪、印品质量自动检测和跟踪系统、无轴传动技术、速度在 75000 张/小时的高速自动接纸机、给纸机和可以自动遥控调节的高速折页机、自动套印系

统、冷却装置、加硅系统、调偏装置等制造

198. 电子枪自动镀膜机制造

199. 平板玻璃深加工技术及设备制造

200. 新型造纸机械(含纸浆)等成套设备制造

201. 皮革后整饰新技术设备制造

202. 土壤污染治理及修复设备制造

203. 农产品加工及储藏新设备开发、制造:粮食、油料、蔬菜、干鲜果品、肉食品、水产品等产品的加工储藏、保鲜、分级、包装、干燥等新设备,农产品品质检测仪器设备,农产品品质无损伤检测仪器设备,流变仪,粉质仪,超微粉碎设备,高效脱水设备,五效以上高效果汁浓缩设备,粉体食品物料杀菌设备,固态及半固态食品无菌包装设备,碟片式分离离心机

204. 农业机械制造:农业设施设备(温室自动灌溉设备、营养液自动配置与施肥设备、高效蔬菜育苗设备、土壤养分分析仪器),配套发动机功率 200 千瓦以上拖拉机及配套农具,低油耗低噪声低排放柴油机,大型拖拉机配套的带有残余雾粒回收装置的喷雾机,高性能水稻插秧机,棉花采摘机及棉花采摘台,适应多种行距的自走式玉米联合收割机(液压驱动或机械驱动),花生收获机,油菜籽收获机,甘蔗收割机,甜菜收割机、自走式葡萄收获机

205. 林业设施设备制造:苗木花卉智能温室、精准灌溉、施肥、育苗等设备,苗木干径叶根系径流、种子活力、土壤养分等分析仪器,大功率(240KW)林地作业底盘及其配套机具,多功能整地、植树、抚育、采伐、集材等中小型机,困难立地造林机械,林地剩余物收集、打捆、木片、粉碎及其综合利用机,大中型植保与施药喷雾机,小型精准施药装备或仿生施药机器人,林木球果采集、油料果实收获机,大中型树木移植机、灌木平茬装备、高效剪枝设备,林木蓄积量快速测量设备

206. 木材加工设备制造:快速色差识别技术设备,快速实木板材量尺设备,快速结疤检测设备,实木表面缺陷检测设备,锯木制

材成套装备技术，人造板材表面缺陷快速检测设备、在线质量分级设备，旋切单板质量在线检测设备，实木家具漆膜打磨粉尘处理设备，板式家具板件快速分拣设备，家具制造智能仓库

207. 林业灾情监控设备制造：林区快速救援装备、高精度导航定位设备，无人机火情、灾情监测预警设备，灭火、除虫设备

208. 农作物秸秆收集、打捆及综合利用设备制造

209. 农用废物的资源化利用及规模化畜禽养殖废物的资源化利用设备制造

210. 皮革、毛皮及其制品先进智能制造加工专用设备制造

211. 节肥、节（农）药、节水型农业技术设备制造

212. 机电井清洗设备及清洗药物生产设备制造

213. 电子内窥镜制造

214. 眼底摄影机制造

215. 医用成像设备（高场强超导型磁共振成像设备、X 线计算机断层成像设备、数字化彩色超声诊断设备等）、医疗影像智能辅助诊断系统及关键部件的制造

216. 医用超声换能器（3D）制造

217. 硼中子俘获治疗设备制造

218. 图像引导适型调强放射治疗系统制造

219. 血液透析机、血液过滤机制造

220. 全自动生化监测设备、五分类血液细胞分析仪、全自动化学发光免疫分析仪、高通量基因测序系统、分子诊断设备制造

221. 药品质量控制新技术、新设备制造

222. 天然药物有效物质分析的新技术、提取的新工艺、新设备开发、制造

223. 生物医药配套耗材生产设备研发、制造

224. 非 PVC 医用输液袋多层共挤水冷式薄膜吹塑装备制造

225. 人工智能辅助医疗设备制造

226. 高端放射治疗设备制造

227. 高端手术器械、理疗康复设备、可穿戴智能化健康装备制造

228. 危重病用生命支持设备制造

229. 移动与远程诊疗设备制造

230. 呼吸机、ECMO、监护仪、PCR 仪制造

231. 微创手术医疗设备开发、生产：3D 成像、电子显微系统、手术机器人、机械臂、助听器及人工耳蜗等

232. 钬激光和二氧化碳激光治疗类产品的研发、生产

233. 新型支架、假体等高端植入介入设备与材料及增材制造技术开发与应用

234. 应急救援装备生产制造

235. 新型纺织机械、关键零部件及纺织检测、实验仪器开发、制造

236. 电脑提花人造毛皮机制造

237. 高新太阳能电池生产专用设备制造

238. 碳捕集利用与封存（CCUS）设备制造、温室气体监测计量设备制造

239. 大气污染防治设备制造：低 NOx 燃烧装置、烟气脱氮催化剂及脱氮成套装置、工业有机废气净化设备、柴油车排气净化装置、含重金属废气处理装置

240. 水污染防治设备制造：卧式螺旋离心脱水机、膜及膜材料、50kg/h 以上的臭氧发生器、10kg/h 以上的二氧化氯发生器、紫外消毒装置、农村小型生活污水处理设备、含重金属废水处理装置

241. 固体废物处理处置设备制造：污水处理厂污泥处置及资源利用设备、垃圾填埋渗滤液处理技术装备、建筑垃圾处理和资源化利用装备、危险废物处理装置、垃圾填埋场沼气发生与发电装置、废钢铁处理设备、医疗废物集中处置设施

242. 铝工业赤泥综合利用设备开发、制造

243. 尾矿综合利用设备制造

244. 废旧塑料、电器、橡胶、电池回收处理再生利用设备制造

245. 废旧纺织品回收处理设备制造

246. 废旧机电产品再制造设备制造

247. 余热余压余气利用设备制造

248. 水生生态系统的环境保护技术、设备制造

249. 移动式组合净水设备制造

250. 非常规水处理、重复利用设备与水质监测仪器制造

251. 工业水管网和设备(器具)的检漏设备和仪器制造

252. 日产10万立方米及以上海水淡化及循环冷却技术和成套设备开发、制造

253. 钢铁、造纸、纺织、石化、化工、冶金等高耗水行业节水工业设备制造

254. 特种气象观测及分析设备制造

255. 地震台站、台网和流动地震观测技术系统开发及仪器设备制造

256. 滚动阻力试验机、轮胎噪音试验室制造

257. 供热计量、温控装置新技术设备制造

258. 氢能制备与储运设备及检查系统制造

259. 新型重渣油气化雾化喷嘴、漏汽率0.5%及以下高效蒸汽疏水阀、1000℃及以上高温陶瓷换热器制造

260. 海上溢油回收装置制造

261. 低浓度煤矿瓦斯和乏风利用设备制造

262. 洁净煤技术产品的开发与利用及设备制造(煤炭气化、液化)

263. 大型公共建筑、高层建筑、石油化工设施、森林、山岳、水域和地下设施消防灭火救援技术开发与设备制造

264. 智能化紧急医学救援设备制造

265. 水文监测传感器制造

266. 核反应堆主工艺设备设计、研发、制造

267. 金刚石复合片(PDC 钻头)开发、生产

268. 砂石粒形、级配在线分析技术及其装备开发、生产

269. 精密电子模具开发、生产

270. 用于骨缺失患者种植修复的牙种植体系统开发、生产

271. 滑雪场冰雪重型装备、轻型装备;客运索道、造雪机、压雪机等专用装备产业研发、生产

272. 封闭负压引流护创材料、细菌纤维素膜及聚氨酯泡沫敷料等高分子材料敷料制造

273. 五层及以上共挤出单向、双向拉伸薄膜生产线建设,阻隔涂层生产线建设

(十九)汽车制造业

274. 汽车发动机制造及发动机研发机构建设:升功率不低于 70 千瓦的汽油发动机、升功率不低于 50 千瓦的排量 3 升以下柴油发动机、升功率不低于 40 千瓦的排量 3 升以上柴油发动机、燃料电池和混合燃料等新能源发动机

275. 汽车关键零部件制造及关键技术研发:双离合器变速器(DCT)、无级自动变速器(CVT)、电控机械变速器(AMT)、汽油发动机涡轮增压器、粘性连轴器(四轮驱动用)、自动变速器执行器(电磁阀)、液力缓速器、电涡流缓速器、汽车安全气囊用气体发生器、燃油共轨喷射技术(最大喷射压力大于 2000 帕)、可变截面涡轮增压技术(VGT)、可变喷嘴涡轮增压技术(VNT)、达到中国第六阶段污染物排放标准的发动机排放控制装置、智能扭矩管理系统(ITM)及耦合器总成、线控转向系统、颗粒捕捉器、低地板大型客车专用车桥、吸能式转向系统、低拖滞盘式制动器总成、铝制转向节、大中型客车变频空调系统、汽车用特种橡胶配件,以及上述零部件的关键零件、部件

276. 汽车电子装置研发、制造:发动机和底盘电子控制系统及关键零部件,电子控制系统的输入(传感器和采样系统)输出(执行器)部件,电动助力转向系统电子控制器,嵌入式电子集成系统、电

控式空气弹簧,电子控制式悬挂系统,电子气门系统装置,电子组合仪表,ABS/TCS/ESP 系统,电路制动系统(BBW),变速器电控单元(TCU),轮胎气压监测系统(TPMS),车载故障诊断仪(OBD),发动机防盗系统,自动避撞系统,汽车、摩托车型试验及维修用检测系统,自动驾驶系统、车载电子操作系统、车载电子操作系统应用程序开发(APP)、抬头显示技术、汽车避让转向辅助系统、碰撞报警系统(FCW)、自动制动控制系统(ABC)、自动紧急制动系统(AEB)、电子驻车制动系统(EPB)、线控制动系统、自适应巡航系统(ACC)、前视摄像系统、轮速传感器

277. 新能源汽车关键零部件研发、制造:能量型动力电池单体;电池正极材料(比容量≥180mAh/g,循环寿命 2000 次不低于初始放电容量的 80%)及前驱体材料,电池负极材料(比容量≥500mAh/g,循环寿命 2000 次不低于初始放电容量的 80%)、电池隔膜(厚度≤12μm,孔隙率 35%~60%);电池管理系统,电机控制器,电动汽车电控集成;电动汽车驱动电机系统(高效区:85%工作区效率≥80%),车用 DC/DC(输入电压 100V~400V),大功率电子器件(IGBT,电压等级≥750V,电流≥300A);插电式混合动力机电耦合驱动系统;燃料电池发动机(质量比功率≥350W/kg)、燃料电池堆(体积比功率≥3kW/L)、膜电极(铂用量≤0.3g/kW)、质子交换膜(质子电导率≥0.08S/cm)、低铂催化剂、碳纸(电阻率≤3mΩ·cm)、空气压缩机、氢气循环泵、氢气引射器、增湿器、燃料电池控制系统、升压 DC/DC、70MPa 氢瓶、车载氢气浓度传感器;电动汽车用热泵空调;电机驱动控制专用 32 位及以上芯片(不少于 2 个硬件内核,主频不低于 180MHz,具备硬件加密等功能,芯片设计符合功能安全 ASIL C 以上要求);一体化电驱动总成(功率密度≥2.5kW/kg);高速减速器(最高输入转速≥12000rpm,噪声低于 75dB);热管理及控制系统(电动压缩机、冷媒组合阀、电子水泵、高效静音电子冷却风扇、高效鼓风机、新能源车集成化模块等);锂电池铝塑膜(厚度 152μm±10%,外层剥离强度≥6.5N/15mm,内层剥离强度≥

10N/15mm，内层耐电解液剥离强度≥9.0N/15mm，成型性≥5.5mm）

278. 车载充电机（满载输出工况下效率≥95%）、双向车载充电机、非车载充电设备（输出电压250V～950V，电压范围内效率≥88%）和高功率密度、高转换效率、高适用性无线充电、移动充电技术开发及装备制造

279. 智能汽车关键零部件研发、制造：传感器、车载芯片、中央处理器、车载操作系统和信息控制系统、车网通信系统设备、视觉识别系统、线控底盘系统；新型智能终端模块、多核异构智能计算平台技术、传感器融合感知技术、车用无线通信关键技术、基础云控平台技术；新型安全隔离架构技术、软硬件协同攻击识别技术、终端芯片安全加密和应用软件安全防护技术、无线通信安全加密技术、安全通讯及认证授权技术、数据加密技术；测试评价体系架构研发，虚拟仿真、实车道路测试等技术和验证工具，整车级和系统级测试评价方法，测试基础数据库建设

280. 与L3/L4/L5自动驾驶相关的硬件及关键零部件制造：激光雷达，毫米波雷达，智能摄像头

281. 充电桩、储能充电桩制造，充电/储能一体化节能综合设施或解决方案开发、制造

（二十）铁路、船舶、航空航天和其他运输设备制造业

282. 达到中国摩托车第四阶段污染物排放标准的大排量（排量>250ml）摩托车发动机排放控制装置制造

283. 民用飞机设计、制造、维修：干线、支线飞机，通用飞机

284. 民用飞机零部件制造、维修

285. 民用直升机设计、制造

286. 民用直升机零部件制造

287. 地面、水面效应航行器制造及无人机、浮空器设计、制造

288. 航空发动机及零部件、航空辅助动力系统设计、制造、维修

289. 航空航天用新型材料开发、生产

290. 民用航空机载设备设计、制造

291. 航空地面设备制造：民用机场设施、民用机场安全保卫设施、飞行试验地面设备、飞行模拟与训练设备、航空测试与计量设备、航空地面试验设备、机载设备综合测试设备、航空制造专用设备、航空材料试制专用设备、民用航空器地面接收及应用设备、运载火箭地面测试设备、运载火箭力学及环境实验设备、无拖把飞机牵引设备、集装货物装载机、飞机除冰设备

292. 民用卫星设计、制造，民用卫星有效载荷制造

293. 民用卫星零部件制造

294. 星上产品检测设备制造

295. 大中型邮轮、小型邮轮的设计、研发，邮轮内部装饰、数字影音、信息化系统等专业配套研发、制造

296. 深远海养殖平台、大型养殖工船、深海矿产资源开发装备等新型海洋工程装备的设计、研发

297. 船用 LNG 双燃料动力、纯电池动力、氢燃料电池动力、甲醇燃料动力、氨燃料动力、生物质燃料动力等清洁能源和新能源动力的设计、研发

298. 船用甲板机械、舱室设备的设计、研发

299. 船舶通讯导航系统设备的设计、研发

300. 游艇及专业配套设备的设计、研发

301. 智能船舶的智能系统总体设计以及智能感知系统、智能航行系统、智能能效管理系统等设计、研发

302. 深远海油气钻井平台（船）、浮式液化天然气装置（FLNG）、浮式储存及再气化装置（FSRU）等海洋油气装备的设计、研发

303. 海上风电装备、海洋新能源装备（含潮流能、波浪能、温差能等）的设计、研发

304. 单点系泊系统、液货围护系统、水下生产系统等专用系统

的设计、研发

305. 船舶总装建造精度管理控制、数字化造船、预舾装和模块化、高效焊接、绿色涂装、超高压水除锈、智能焊接生产线、智能化分段流水线、智能管子加工生产线等绿色智能装备的设计、研发

(二十一)电气机械和器材制造业

306. 100 万千瓦超超临界火电机组用关键辅机设备制造:安全阀、调节阀

307. 火电设备的密封件设计、制造

308. 水电机组用关键辅机设备制造

309. 输变电设备及关键组部件制造

310. 新能源发电成套设备或关键设备制造:光伏发电、光热发电、地热发电、潮汐发电、波浪发电、垃圾发电、沼气发生与发电;大尺寸异质结基体材料制造

311. 斯特林发电机组制造

312. 直线和平面电机及其驱动系统开发、制造

313. 高技术绿色电池制造:动力镍氢电池、锌镍蓄电池、钠盐电池、锌银蓄电池、锂离子电池、太阳能电池、燃料电池等

314. 电动机采用直流调速技术的制冷空调用压缩机、采用 CO_2 自然工质制冷空调压缩机、应用可再生能源(空气源、水源、地源)制冷空调设备制造

315. 太阳能空调、采暖系统、太阳能干燥装置制造

316. 生物质干燥热解系统、生物质气化装置制造

317. 生物天然气原料预处理及进料、发酵、提纯、沼液处理装置制造

318. 交流调频调压牵引装置制造

319. 高压真空元件及开关设备,智能化中压开关元件及成套设备,使用环保型中压气体的绝缘开关柜,智能型(可通信)低压电器,非晶合金、卷铁芯等节能配电变压器制造

（二十二）计算机、通信和其他电子设备制造业

320. 高清数字摄录机、数字放声设备制造

321. TFT-LCD、OLED、AMOLED、激光显示、量子点、3D 显示等平板显示屏、显示屏材料制造（6 代及 6 代以下 TFT-LCD 玻璃基板除外）

322. 偏光片基膜、扩散膜研发、制造

323. 电子书材料（电子墨水屏等）的研发、制造

324. 直径 8 英寸及以上硅单晶制造

325. 直径 12 英寸及以上硅片制造

326. 大屏幕彩色投影显示器用光学引擎、光源、投影屏、高清晰度投影管和微显投影设备模块等关键件制造

327. 激光投影设备制造

328. 超高清及高新视频产品制造：4K/8K 超高清电视机、4K 摄像头、监视器以及互动式视频、沉浸式视频、VR 视频、云游戏等高新视频端到端关键软硬件等

329. 数字音、视频编解码设备，数字广播电视演播室设备，数字有线电视系统设备，数字音频广播发射设备，数字电视上下变换器，数字电视地面广播单频网（SFN）设备，卫星数字电视上行站设备制造

330. 集成电路设计，线宽 28 纳米及以下大规模数字集成电路制造，0.11 微米及以下模拟、数模集成电路制造，掩膜版制造，MEMS 和化合物半导体集成电路制造及 BGA、PGA、CSP、MCM、LGA、SIP、FC、WLP 等先进封装与测试

331. 大中型电子计算机、万万亿次高性能计算机、便携式微型计算机、大型模拟仿真系统、工业控制机及控制器制造

332. 量子、类脑等新机理计算机系统的研发、制造

333. 超大规模集成电路制造用关键装备开发、制造

334. 集成电路封装及测试设备制造

335. 计算机数字信号处理系统及板卡制造

336. 图形图像识别和处理系统制造

337. 大容量光、磁盘驱动器及其部件开发、制造

338. 100TB 及以上存储系统制造、8TB 及以上 SSD 固态硬盘制造及智能化存储设备制造

339. 计算机辅助设计(三维 CAD)、电子设计自动化(EDA)、辅助测试(CAT)、辅助制造(CAM)、辅助工程(CAE)系统及其他计算机应用系统制造

340. 软件产品开发、生产

341. 电子专用材料开发、制造(光纤预制棒开发与制造除外);表面封装技术(SMT)用无铅焊锡膏、高纯度(电子级)多晶硅材料开发、制造

342. 电子专用设备、测试仪器、工模具制造

343. 新型电子元器件制造:片式元器件、敏感元器件及传感器、频率控制与选择元件、混合集成电路、电力电子器件、光电子器件、新型机电元件、高分子固体电容器、超级电容器、无源集成元件、高密度互连积层板、单层、双层及多层挠性板、刚挠印刷电路板及封装载板、高密度高细线路(线宽/线距≤0.05mm)柔性电路板等

344. 触控系统(触控屏幕、触控组件等)制造及组装

345. 虚拟现实(VR)、增强现实(AR)、融合现实(MR)设备研发、制造

346. 发光效率 140lm/W 以上高亮度发光二极管、发光效率 140lm/W 以上发光二极管外延片(蓝光)、发光效率 140lm/W 以上且功率 200mW 以上白色发光管制造

347. 高密度数字光盘机用关键件开发、生产

348. 可录类光盘生产

349. 3D 打印设备及其关键零部件研发、制造

350. 卫星通信系统设备制造

351. 光通信测量仪表、速率 40Gbps 及以上光收发器制造

352. 超宽带（UWB）通信设备制造

353. 无线局域网（含支持 WAPI）、广域网设备制造

354. 100Gbps 及以上速率时分复用设备（TDM）、密集波分复用设备（DWDM）、宽带无源网络设备（包括 EPON、GPON、WDM-PON 等）、下一代 DSL 芯片及设备、光交叉连接设备（OXC）、自动光交换网络设备（ASON）、40Gbps 以上 SDH 光纤通信传输设备制造

355. 基于 IPv6 的下一代互联网系统设备、终端设备、检测设备、软件、芯片开发、制造

356. 第四代及第五代及后续移动通信系统手机、基站、核心网设备、光传输设备、网络检测设备开发、制造

357. 应用于第五代移动终端（手机、汽车、无人机、虚拟现实与增强显示等）的视觉传感器（数字相机、数字摄像头、3D 传感器、激光雷达、毫米波雷达等）及其核心元组件（光学镜片与镜头、激光器、感光芯片、马达、光电模块等）、物联网终端的开发、制造

358. 云计算设备（包括服务器、存储设备云及云服务设备高精密机构件等）、软件和系统开发

359. 整机处理能力大于 6.4Tbps（双向）的高端路由器、交换容量大于 40Tbps 的交换机开发、制造

360. 空中交通管制系统设备制造

361. 基于声、光、电、触控等计算机信息技术的中医药电子辅助教学设备，虚拟病理、生理模型人设备的开发、制造

362. 可穿戴智能设备、智能无人飞行器等智能消费设备制造

363. 智能家居平台系统及设备制造

364. 覆铜板专用电子级玻璃纤维布开发、生产

365. 关键软件、不同设备接口数据互通技术等的开发与研制

366. 晶圆制造及再生

367. 智慧健康养老产品的研发、制造（老年用品及辅助产品制造，老年医疗器械和康复辅具制造，老年人智能与穿戴设备制造等）

368. 有机高分子材料生产：锂离子电池隔膜；高新技术有色金属材料及其产品生产：化合物半导体材料（砷化镓、磷化镓、磷化铟、氮化镓）

369. 高纯电子化学品、高性能光刻胶开发、生产

370. 新技术功能玻璃开发、生产：屏蔽电磁波玻璃、微电子用玻璃基板、电子级大规格石英玻璃制品（管、板、干锅、仪器器皿等）、10.5 代及以上 TFT-LCD 基板玻璃、高性能锂铝硅玻璃、OLED 玻璃、触控玻璃、柔性玻璃等电子信息显示用玻璃、信息技术用极端材料及制品（包括波导级高精密光纤预制棒石英玻璃套管和陶瓷基板）

371. 蓝宝石基板研发、生产

（二十三）仪器仪表制造业

372. 土壤墒情监测设备制造

373. 工业过程自动控制系统与装置制造：现场总线控制系统，大型可编程控制器（PLC），两相流量计，固体流量计，新型传感器及现场测量仪表

374. 自动化、智能化、多功能材料力学性能测试仪器，工业 CT、三维超声波探伤仪等无损检测设备制造

375. 大型精密仪器、高分辨率显微镜（分辨率小于 200nm）开发、制造

376. 高精度数字电压表、电流表制造（显示量程七位半以上）

377. 无功功率自动补偿装置制造

378. 安全生产新仪器设备制造

379. VXI 总线式自动测试系统（符合 IEEE1155 国际规范）制造

380. 煤矿井下监测及灾害预报系统、煤炭安全检测综合管理系统开发、制造

381. 工程测量和地球物理观测设备制造

382. 环境监测仪器制造

383. 无线远传智能水表制造

384. 水库大坝安全智能监控仪器制造

385. 水文数据采集、处理与传输和防洪预警仪器及设备制造

386. 海洋勘探监测仪器和设备制造

387. 市政管网和输水管道渗漏监测仪器制造

388. 核仪器、仪表研发和制造

389. 辉光放电质谱仪开发、生产

390. 透射电子显微镜开发、生产

（二十四）废弃资源综合利用业

391. 煤炭洗选及粉煤灰（包括脱硫石膏）、煤矸石等综合利用

392. 全生物降解材料的生产

393. 废旧电器电子产品、汽车、机电设备、橡胶、金属、电池回收处理

394. 赤泥及其他冶炼废渣综合利用

395. 退役风电叶片及废弃光伏组件回收处理

396. 黄河泥沙综合利用

四、电力、热力、燃气及水生产和供应业

397. 采用单机 60 万千瓦及以上超超临界机组的支撑性和调节性电源建设、经营

398. 采用背压型热电联产、热电冷多联产、30 万千瓦及以上超（超）临界热电联产机组电站的建设、经营

399. 单机 30 万千瓦及以上，采用循环流化床、增压流化床、整体煤气化联合循环发电等洁净煤发电项目以及利用煤矸石、中煤、煤泥等低热值煤发电项目的建设、经营

400. 发电为主的大型水电站及抽水蓄能电站建设、经营

401. 核电站的建设、经营

402. 新能源电站（包括太阳能、风能、地热能、潮汐能、潮流能、波浪能、生物质能等）建设、经营

403. 气源落实地区天然气调峰电站、天然气分布式能源站的

建设、经营

404. 燃气发电与可再生发电互补系统开发与应用

405. 垃圾焚烧发电厂建设、经营

406. 清洁能源微电网的建设、经营

407. 使用天然气、电力和可再生能源驱动的区域供能(冷、热)项目的建设、经营

408. 海水利用(海水直接利用、海水淡化)、苦咸水利用

409. 供水厂的咨询设计、投资、建设、经营

410. 再生水厂的咨询设计、投资、建设、经营

411. 污水处理厂的咨询设计、投资、建设、经营,污泥处理与处置设施的咨询设计、投资、建设、经营

412. 机动车充电站、电池更换站建设、经营

413. 加氢站建设、经营

414. 生物天然气项目建设、经营

415. 绿色植物绝缘油的研发、应用、生产

416. 新型储能装备研发、制造、建设和运营(含锂离子电池、液流电池、压缩空气、飞轮、氢储能等各类储能技术)

417. 电力源网荷储一体化和多能互补电源建设

五、交通运输、仓储和邮政业

418. 铁路干线路网及铁路专用线的建设、经营

419. 城际铁路、市域(郊)铁路、资源型开发铁路和支线铁路及其桥梁、隧道和站场设施的建设、经营,轮渡的建设

420. 高速铁路、城际铁路基础设施综合维修

421. 公路、独立桥梁和隧道的建设、经营

422. 公路货物运输公司

423. 港口公用码头设施的建设、经营

424. 民用机场的建设、经营(不包含空中交通管制)

425. 公共航空运输公司

426. 农、林、渔业通用航空公司

427. 国际海上运输公司

428. 邮轮旅客国际海上运输业务

429. 国际集装箱多式联运转运设施建设及快速转运换装设备、标准化运载单元的研发、推广、应用

430. 国际船舶管理机构、船员外派机构

431. 输油（气）管道、油（气）库的建设、经营（不包括航空输油管道、油库）

432. 煤炭管道运输设施的建设、经营

433. 物流业务相关仓储设施建设，特别是自动化高架立体仓储设施，包装、加工、配送业务相关的仓储一体化设施建设、经营

434. 与快递服务相关科技装备及绿色包装的研发应用、绿色物流设施设备的研发应用

435. 托盘及集装单元共用系统建设、经营

436. 农村、社区物流配送

437. 一般商品的共同配送、鲜活农产品冷链物流和特殊药品低温配送等物流及相关技术服务的提供和运用

438. 大宗商品进出口分拨物流中心建设

439. 乡村道路客运设施建设及乡村道路客运公司

六、批发和零售业

440. 电子商务零售（含跨境电商，不包括法律法规实施特殊管理的药品医疗器械等商品）

441. 电子商务供应链公司（含跨境电商，不包括法律法规实施特殊管理的药品医疗器械等商品）

442. 商贸企业、餐饮企业的统一配送和分销网络建设

443. 氦气的经营

444. 汽车加气站建设、运营

445. 进口汽车批发和零售

446. 文创产品零售业

七、信息传输、软件和技术服务业

447. 电子商务系统开发与应用服务，各类专业资产交易平台建设、经营

448. 在线教育、在线医疗、在线办公系统开发与应用服务

八、租赁和商务服务业

449. 国际经济、科技、环保、物流信息、商务、会计、税务咨询服务

450. 工程咨询服务

451. 以承接服务外包方式从事系统应用管理和维护、信息技术支持管理、银行后台服务、财务结算、软件开发、离岸呼叫中心、数据处理等信息技术和业务流程外包服务

452. 现代高端装备的维护与维修、数字化生产线改造与集成、专业维修服务和供应链服务

453. 会议、展览及相关服务

454. 创业投资企业

455. 知识产权服务

456. 家庭服务业

457. 人力资源服务

458. 月子中心产后母婴服务

459. 旅游会展

460. 语言服务产业(包括翻译、本地化服务、语言技术开发应用、语言资源服务等)

九、科学研究、开发和产品、技术服务业

461. 生物工程与生物医学工程技术、生物质能源开发技术研发

462. DNA 编码化合物库技术研发

463. 兽医和宠物营养科学研究、技术服务

464. 智能器件、机器人、神经网络芯片、神经元传感器等人工智能技术研发与应用

465. 同位素、辐射及激光技术研发

466. 海洋开发及海洋能开发技术、海洋化学资源综合利用技术、相关产品开发和精深加工技术、海洋医药与生化制品开发技术研发

467. 海洋监测技术(海洋浪潮、气象、环境监测)、海底探测与大洋资源勘查评价技术研发

468. 综合利用海水淡化后的浓海水制盐、提取钾、溴、镁、锂及其深加工等海水化学资源高附加值利用技术研发

469. 海上石油污染清理与生态修复技术及相关产品开发,海水富营养化防治技术、海洋生物爆发性生长灾害防治技术、海岸带生态环境修复技术研发

470. 节能环保和循环经济技术研发与应用

471. 资源再生及综合利用技术、企业生产排放物的再利用技术研发与应用

472. 环境污染治理及监测技术研发

473. 清洁生产技术开发与服务,传统能源清洁运营、工程施工与技术服务,清洁生产评价、认证与审核

474. 碳捕集利用与封存(CCUS)技术开发与服务

475. 绿色建筑节地与室外环境、节能与能源利用、节水与水资源利用、节材与材料资源利用、室内环境与运行管理综合技术研发与利用

476. 放射性废物处理技术研发与应用

477. 危险废物利用处置设施专业化建设、经营和技术咨询服务

478. 化纤生产及印染加工的节能降耗、三废治理新产品和新技术

479. 磷石膏综合利用技术研发与应用

480. 防沙治沙与沙荒修复技术研发

481. 草畜平衡综合管理技术研发

482. 现代畜牧业废弃物资源化综合利用技术研发与应用

483. 农药新型施药技术研发与应用

484. 民用卫星应用技术研发

485. 检验检测认证服务

486. 研究开发中心

487. 高新技术、新产品开发与企业孵化中心

488. 第五代移动通信技术研发与应用

489. 物联网技术研发与应用

490. 区块链技术研发与应用

491. 工业设计、建筑设计、服装设计等创意产业

492. 城乡规划编制服务(城市、镇总体规划服务除外)

493. 低碳、环保、绿色、节能、节水的先进系统集成技术及服务

494. 环境友好型技术的开发及应用

495. 专业设计服务

十、水利、环境和公共设施管理业

496. 河道、湖泊水环境治理、水生态修复和管理保护与经营

497. 城市封闭型道路的建设、经营

498. 城市地铁、轻轨等轨道交通的建设、经营

499. 垃圾处理厂,危险废物处理处置厂(焚烧厂、填埋场)及环境污染治理设施的建设、经营

500. 城市停车设施建设、经营

501. 出租车、有轨电车、公交等公共交通系统的建设、运营

十一、教育

502. 非学历类职业培训机构

503. 非学历类语言类培训机构(面向中小学生和 3 至 6 岁学龄前儿童的除外)

504. 非学历类艺术培训机构(面向中小学生和 3 至 6 岁学龄前儿童的除外)

505. 职业院校(含技工学校)

十二、卫生和社会工作

506. 残疾人和儿童服务机构(儿童福利机构、未成年人救助保护机构、收养登记机构除外)

507. 养老服务(含居家社区养老服务、机构养老服务以及养老机构、社区养老服务机构建设运营等)

508. 医疗机构

509. 精神康复机构

510. 心理咨询机构

511. 孤独症儿童康复机构

512. 居家适老化改造、老年人宜居环境改造、公共设施适老化及无障碍改造

513. 养老服务相关专业教育,养老服务技能培训,家庭照护技能培训,老年教育

十三、文化、旅游、体育和娱乐业

514. 演出场所经营

515. 体育场馆经营、健身、竞赛表演及体育培训和中介服务

516. 旅游基础设施建设及旅游信息服务

517. 游览景区管理、智慧化景区建设与服务业

518. 户外运动营地等健身场地设施的建设、运营和管理

519. 智能体育产品和服务的研发、普及与推广

中西部地区外商投资优势产业目录

山西省

1. 牧草饲料作物种植及深加工

2. 小杂粮、马铃薯种植及产品开发、生产

3. 退耕还林还草、天然林保护等国家重点生态工程后续产业开发

4. 节水灌溉和旱作节水技术、保护性耕作技术开发与应用

5. 矿区生态系统恢复与重建工程

6. 非金属矿(高岭土、石灰石、硅石、石英砂)综合利用(勘探、开采除外)

7. 石墨烯、碳纤维(复合材料)等碳系材料的生产设备(气象沉淀、碳化烧结等)的研发、制造

8. 煤层气和煤炭伴生资源综合开发利用

9. 煤制液体燃料生产

10. 焦炭副产品综合利用

11. 棉、毛、麻、丝、化纤的高档纺织、针织及服装加工生产和相关产品的研发、检测

12. 天然药、原料药、中成药的深加工(不含涉密处方)

13. 玄武岩纤维生产

14. 高档玻璃制品、高技术陶瓷(含工业陶瓷)技术开发和产品生产

15. 特殊品种(超白、超薄、在线 Low-E、中空、超厚)优质浮法玻璃技术开发和深加工

16. 非金属矿(铝矾土、芒硝、耐火粘土、珍珠岩)综合利用、精加工及应用(勘探、开采除外)

17. 镁、铝等有色金属精深加工

18. 不锈钢制品生产

19. 汽车零部件制造:六档以上自动变速箱、商用车用高功率密度驱动桥、随动前照灯系统、LED 前照灯、轻量化材料应用、离合器、液压减震器、中控盘总成、座椅、电机及控制系统、主动安全及自动驾驶控制系统、燃料电池系统及零部件

20. 高速列车用钢、非晶带材等钢铁新材料的开发、生产

21. 铝合金材料及制品生产

22. 钢丝绳芯橡胶输运带生产

23. 液压技术系统及模具生产

24. 旱地、山地中小农业机械及配套机具制造

25. 光伏太阳能发电站的集装箱式储能箱的设计和制造

26. 三轴以上联动的高速、精密数控机床及配套数控系统、伺服电机及驱动装置、功能部件、刀具、量具、量仪及高档磨具磨料生产

27. 大型煤矿综采设备和防爆机电产品生产

28. 核电物料转运设备及其配套件生产

29. 新型医疗器械设备及医用材料生产加工

30. 金属矿山的供配电设备制造,包括 IP65 等级户外电气设备的设计和制造、户外预装式电气室的设计和制造、无人值守预装式电气室的设计和制造、移动式电气室的设计和制造、户外/井下撬装式高低压配电中心的设计和制造、PLC 可编程系统的制造和编程

31. 智能手机、平板电脑等智能终端产品及关键零部件的技术开发、生产

32. 光通讯产品生产

33. 洗中煤、焦炉煤气余热发电、供热等综合利用

34. 火电厂废弃物等的综合利用

35. 地热能开发、生产、利用

36. 宽带业务和增值电信业务(限于中国入世承诺开放的电信业务)

37. 公路旅客运输公司

38. 城市燃气、热力和供排水管网建设、经营

39. 储能技术研发与生产应用(含抽水蓄能、电化学储能、压缩空气储能、飞轮储能、氢储能、热储能等)

40. 生物质能开发、生产、利用

41. 艺术表演培训和中介服务及文化用品、设备等产业化开发

42. 旅游景区(点)保护、开发和经营及其配套设施建设

43. 文旅康养产业发展开发和利用

内蒙古自治区

1. 标准化设施蔬菜基地、集约化蔬菜育苗场建设

2. 牧草饲料作物种植和深加工

3. 绿色农畜产品(乳、肉、绒、皮毛、马铃薯、果蔬)生产加工

4. 沙生中药材、沙区生态经济林、沙区瓜果、沙区设施农业、沙料建材、沙区新能源和沙漠旅游休闲等沙产业

5. 退耕还林还草、退牧还草、天然林保护、退田还湖、退耕还湿、荒漠化防治等国家重点生态工程后续产业开发

6. 节水灌溉和旱作节水技术、保护性耕作、中低产田改造、盐碱地改良等技术开发与应用

7. 铜、铅、锌、镁、铝等有色金属精深加工

8. 非金属矿(高岭土、红柱石、膨润土、白云石、石墨、珍珠岩、沸石)综合利用、精加工及应用(勘探、开采除外)

9. 棉、毛、绒、麻、丝、化纤的高档纺织、针织及服装生产加工和相关产品的研发、检测

10. 煤层气和煤炭伴生资源综合开发利用

11. 洁净煤技术产品的开发与利用以及配套加工服务(煤炭气化、液化、水煤浆、工业型煤)

12. 天然气下游化工产品开发和利用(列入《天然气利用政策》限制类和禁止类的除外)

13. 利用乙烯与氯气通过氧氯化法生产 30 万吨/年以上 PVC,废盐酸制氯气等综合利用技术开发及应用

14. 高性能硅油、硅橡胶、树脂,高品质氟树脂,高性能氟橡胶,含氟精细化学品和高品质含氟无机盐等开发、生产

15. 硅材料生产及其应用

16. 动植物药材资源开发、保护和可持续利用:内蒙古道地药材和特色蒙药材种植基地建设、濒危药用植物保育基地建设、种子种苗基地建设、道地药材提取物工厂研发中心建设

17. 少数民族特需用品、工艺美术品、包装容器材料、日用玻璃

制品、特色旅游商品纪念品生产

18. 碳纤维产品生产及其应用

19. 天然气压缩机（含煤层气压缩机）制造

20. 高性能石油和天然气用钢管特殊扣加工

21. 蒙医药、蒙医医疗设备的研究、开发

22. 汽车整车制造，专用汽车（不包括普通半挂车、自卸车、罐式车、厢式车和仓栅式汽车）制造（须执行《汽车产业投资管理规定》）

23. 汽车零部件制造：六档以上自动变速箱、商用车用高功率密度驱动桥、随动前照灯系统、LED 前照灯、轻量化材料应用（高强钢、铝镁合金、复合塑料、粉末冶金、高强度复合纤维等）、离合器、液压减震器、中控盘总成、座椅

24. 储能技术研发与生产应用（含抽水蓄能、电化学储能、压缩空气储能、飞轮储能、氢储能、热储能等）

25. 太阳能、风能发电设备及零部件制造

26. 洗中煤、焦炉煤气余热发电、供热等综合利用

27. 宽带业务和增值电信业务（限于中国入世承诺开放的电信业务）

28. 公路旅客运输公司

29. 城市燃气、热力和供排水管网建设、经营

30. 高等教育机构

31. 动漫创作、制作及衍生品开发

32. 文化演出场所建设、艺术表演培训等服务

33. 体育场馆设施建设、体育赛事（不含电子竞技）运营及体育健身休闲服务

34. 健康医疗旅游开发

35. 冰雪、森林、草原、沙漠生态旅游资源开发、建设、经营

36. 旅游景区（点）保护、开发和经营及其配套设施建设

37. 资源枯竭型城市资源精深加工和接续产业等项目

辽宁省

1. 节水灌溉和旱作节水技术、保护性耕作技术开发与应用

2. 退耕还林还草等国家重点生态工程后续产业开发

3. 畜禽数字化智能化养殖技术开发与应用

4. 优质麦芽生产基地建设及啤酒生产

5. 镁、锆石加工及综合利用

6. 棉、毛、麻、丝、化纤的高档纺织、针织、服装及衣着附件加工生产和相关产品的研发、检测

7. 生物医药技术开发、生产，天然药、原料药、中成药的深加工（不含涉密处方）

8. 高性能子午线轮胎的生产：无内胎载重子午胎，低断面和扁平化（低于 55 系列）、大轮辋高性能轿车子午胎（15 吋以上），航空轮胎及农用子午胎

9. 铝合金、钛合金熔炼及精深加工

10. 不锈钢制品生产

11. 金属包装、自动化立体仓库及仓储物流设备制造

12. 环保设备（大气、污水、固废处理设备）制造及其解决方案应用

13. 智能测控装置及关键零部件制造

14. 高档数控机床伺服装置制造

15. 汽车零部件制造：六档以上自动变速箱、商用车用高功率密度驱动桥、随动前照灯系统、LED 前照灯、轻量化材料应用（高强钢、铝镁合金、复合塑料、粉末冶金、高强度复合纤维等）、离合器、液压减震器、中控盘总成、座椅、汽车主被动安全保护装置、汽车启停电机、新能源汽车驱动装置及控制系统、高效、超高效电机用定子与转子在线自粘生产

16. 新型医疗器械设备及医用材料生产加工

17. 高精度铜、铝及合金板带材深加工

18. 非易失性存储器的设计、研发、制造

19. 化合物半导体材料的生产及加工

20. 数字医疗系统、社区护理、个人健康维护相关产品开发与应用

21. 储能技术研发与生产应用(含抽水蓄能、电化学储能、压缩空气储能、飞轮储能、氢储能、热储能等)

22. 生物质能开发、生产、利用

23. 船舶管理、航运经纪等现代高端航运服务业

24. 公路旅客运输

25. 公路货运场站设施的建设和经营

26. 鲜活农、林、牧、渔产品冷链物流及相关技术服务的提供和运用

27. 宽带业务和增值电信业务(限于中国入世承诺开放的电信业务)

28. 城市燃气、热力和供排水管网建设、经营

29. 节约用水技术改造、技术研发和推广应用

30. 数字视听与数字家庭产品开发(有线电视网络、网络视听节目服务除外)

31. 高等教育机构

32. 旅游景区(点)保护、开发和经营及其配套设施建设

33. 资源枯竭型城市资源精深加工和接续产业等项目

34. 温泉资源开发及温泉度假村建设、经营

吉林省

1. 节水灌溉和旱作节水技术、保护性耕作、中低产田改造、盐碱地改良等技术开发与应用

2. 燕麦、藜麦、绿豆、红小豆等杂粮杂豆农产品开发、生产

3. 人参、鹿茸、山葡萄、果仁、山野菜、蓝莓、菌类、林蛙、柞蚕、蜂蜜、五味子、蒲公英等长白山特色生态食品、饮品的开发、生产

4. 利用境外资源的木材加工

5. 禽畜养殖及生产加工

6. 啤酒制造产业

7. 饮用天然矿泉水生产

8. 硅藻土资源开发及综合利用(勘探、开采除外)

9. 动物骨制品深加工技术开发与产品生产

10. 棉、毛、麻、丝、化纤的高档纺织、针织、服装及服装半成品加工生产和相关产品的研发、检测

11. 褐煤蜡萃取

12. 动植物药材资源开发、保护和可持续利用

13. 可降解生物基材料及制品的研发和生产加工

14. 草铵膦及草铵膦中间体的开发、生产

15. 特殊品种(超白、超薄、在线 Low-E、中空、超厚)优质浮法玻璃技术开发和深加工

16. 碳纤维原丝、碳纤维生产及其生产所需辅助材料、碳纤维复合材料及其制品生产

17. 粘胶短纤维、粘胶长丝的生产

18. 玄武岩纤维新材料的生产、开发

19. 高性能子午线轮胎的生产:无内胎载重子午胎,低断面和扁平化(低于 55 系列)、大轮辋高性能轿车子午胎(15 吋以上),航空轮胎及农用子午胎

20. 铝合金材料及制品生产

21. LED、新型元器件等节能产品生产

22. 生物医药技术开发、生产,现代中药制品生产

23. 医疗设备及关键部件开发、生产

24. 冰雪体育和旅游用品生产

25. 索道缆车、游乐设施等旅游装备制造

26. 换热器设备的生产制造

27. 汽车零部件制造:六档以上自动变速箱、商用车用高功率密度驱动桥、随动前照灯系统、LED 前照灯、轻量化材料应用(高强钢、铝镁合金、复合塑料、粉末冶金、高强度复合纤维等)、离合器、

液压减震器、中控盘总成、座椅

28. 汽车线束加工技术开发与产品生产

29. 专用汽车(不包括普通半挂车、自卸车、罐式车、厢式车和仓栅式汽车)制造(须执行《汽车产业投资管理规定》)

30. 智能手机、平板电脑等智能终端产品及关键零部件的技术开发、生产

31. 生物质能开发、生产、利用

32. 宽带业务和增值电信业务(限于中国入世承诺开放的电信业务)

33. 公路旅客运输公司

34. 汽车金融服务

35. 城市燃气、热力和供排水管网建设、经营

36. 高等教育机构

37. 动漫创作、制作及衍生品开发

38. 冰雪旅游资源开发及滑雪场、酒店等配套设施建设、经营

39. 旅游景区(点)保护、开发和经营及其配套设施建设

40. 温泉资源开发及温泉度假村建设、经营

41. 观光农业、休闲农业的开发和经营及其配套设施建设

42. 资源枯竭型城市资源精深加工和接续产业等项目

43. 艺术表演培训、中介服务

黑龙江省

1. 退耕还林还草、天然林保护等国家重点生态工程后续产业开发

2. 黑土地保护利用技术的研发、创新

3. 节水灌溉和旱作节水技术、保护性耕作技术开发与应用

4. 矿区生态系统恢复与重建工程

5. 利用境外资源的木材加工、木制品生产

6. 锰、铁矿石选矿及综合利用

7. 高档肉牛繁育、加工

8. 饮用天然矿泉水生产、天然苏打水生产

9. 日处理甜菜 3000 吨及以上甜菜制糖及副产品综合利用

10. 马铃薯繁育及深加工

11. 绿色食品生产

12. 奶粉、奶油、奶酪、液态奶、功能奶等乳制品生产

13. 营养性豆奶粉、传统豆制品、功能性蛋白产品、大豆磷脂等非转基因大豆制品生产加工

14. 生物医药技术开发、生产，天然药、原料药、中成药的深加工（不含涉密处方）

15. 少数民族特需用品、工艺美术品及特色旅游商品纪念品生产

16. 冰雪体育和旅游用品生产

17. 艺术陶瓷、日用陶瓷、工业陶瓷的研发、生产

18. 石墨的高端应用和精深加工

19. 非金属矿（高岭土、石灰石、硅石、石英砂）综合利用（勘探、开采除外）

20. 非金属矿物新材料产业技术研究与开发

21. 石墨烯、碳纤维（含复合材料）等碳系材料的研发生产及终端产品制造

22. 硅基及光伏新材料开发、生产

23. 钛制品加工

24. 切削刀具、量具、刃具制造

25. 现代农业装备及配套农机具的生产：大马力拖拉机配套零部件、水稻插秧机及其它种植机械、玉米收获机、谷物联合收获机、其它收获机及配套零部件

26. 高性能子午线轮胎的生产：无内胎载重子午胎，低断面和扁平化（低于 55 系列）、大轮辋高性能轿车子午胎（15 吋以上），航空轮胎及农用子午胎

27. 燃气轮机研发、制造

28. 清冰雪设备制造

29. 精密超精密机床制造

30. 专用汽车(不包括普通半挂车、自卸车、罐式车、厢式车和仓栅式汽车)制造(须执行《汽车产业投资管理规定》)

31. 汽车零部件制造:六档以上自动变速箱、商用车用高功率密度驱动桥、随动前照灯系统、LED 前照灯、轻量化材料应用(高强钢、铝镁合金、复合塑料、粉末冶金、高强度复合纤维等)、离合器、液压减震器、中控盘总成、座椅、电子组合仪表

32. 医疗设备及关键部件开发、生产

33. 生物质能开发、生产、利用

34. 核电装备的生产:核电电机、电缆、核岛堆内构件等关键配套部件研发生产

35. 电网智能管理控制系统设备制造

36. 数字经济相关产业(不涉及网络视听节目服务):数字商贸、智慧物流等互联网生产服务,智能制造技术研发,公共服务平台和企业创新赋能中心建设,动漫等数字内容服务

37. 宽带业务和增值电信业务(限于中国入世承诺开放的电信业务)

38. 公路旅客运输公司

39. 高等教育机构

40. 城市燃气、热力和供排水管网建设、经营

41. 动漫创作、制作及衍生品开发

42. 文化演出、艺术表演培训和中介服务等产业化开发

43. 体育场馆设施建设、体育赛事(不含电子竞技)运营及体育健身休闲服务

44. 森林、冰雪旅游资源开发及滑雪场建设、经营

45. 温泉资源开发及温泉度假村建设、经营

46. 旅游景区(点)保护、开发和经营及其配套设施建设

47. 观光农业、休闲农业的开发和经营及配套设施建设

48. 资源枯竭型城市资源精深加工和接续产业等项目

49. 康养产业

50. 寒地特色生物产业及寒地测试等寒地产业

安徽省

1. 节水灌溉和旱作节水技术、保护性耕作技术开发与应用

2. 高岭土、煤层气(瓦斯)、矿井水及天然焦等煤炭伴生资源综合利用(勘探、开采除外)

3. 非金属矿(方解石、膨润土、高岭土、凹凸棒粘土、石灰石、石英砂)综合利用(勘查、开采除外)

4. 绿色食品生产

5. 棉、毛、麻、丝、化纤的高档纺织、针织及服装加工生产和相关产品的研发、检测

6. 功能性环保再生涤纶长丝的研发及生产

7. 皮鞋、运动鞋等整鞋制造

8. 天然药、原料药、中成药的深加工(不含涉密处方)

9. 煤焦油深加工

10. 纳米材料等新材料研发、制造

11. 长寿节能环保耐火材料生产

12. 铜、锌、铝等有色金属精深加工及综合利用

13. 高档无缝钢管、石油油井管制造

14. 包装装潢印刷品印刷

15. 特殊品种(超白、超薄、在线 Low-E、中空、超厚)优质浮法玻璃技术开发和深加工

16. 利用木薯、麻风树、橡胶籽等非粮植物为原料的生物液体燃料(燃料乙醇、生物柴油)生产

17. 高性能子午线轮胎的生产:卡车轮胎、无内胎载重子午胎,低断面和扁平化(低于 55 系列)、大轮辋高性能轿车子午胎(15 吋以上),航空轮胎及农用子午胎

18. 高端医用器械、医用敷料制造

19. 汽车零部件制造：六档以上自动变速箱、商用车用高功率密度驱动桥、随动前照灯系统、LED 前照灯、轻量化材料应用（高强钢、铝镁合金、复合塑料、粉末冶金、高强度复合纤维、铝基复合材料等）、离合器、液压减震器、中控盘总成、座椅、轴承

20. 新型干法水泥成套设备制造

21. 电动叉车、30 吨以上液压挖掘机及零部件开发与制造

22. 燃气轮机研发、制造

23. 500 万吨/年及以上矿井、薄煤层综合采掘设备，1000 万吨级/年及以上大型露天矿关键装备；大型冶金成套设备等重大技术装备用分散型控制系统（DCS）

24. 难选金属矿产选矿设备和大型冶金成套设备制造

25. 医疗设备及关键部件开发、生产

26. 符合国家 1 级能效或 2 级能效家用电器开发、生产

27. 半导体照明材料上下游产品及相关设备的研发、制造

28. 集成电路材料、装备、芯片制造及化合物半导体材料、器件研发、制造

29. 平板显示屏及上下游材料、零部件、装备的研发、制造

30. 智能手机、平板电脑等智能终端产品及关键零部件的技术开发、生产

31. 智能语音、量子通信等设备研发、制造

32. 组件零部件胶膜（EVA）、光伏玻璃、背板、接线盒等基础材料制造

33. 新能源领域能源转换用新材料研发、生产

34. 工程勘察设计、平面设计和自动控制系统设计等创意产业

35. 废弃纸张再利用

36. 生物质能开发、生产、利用

37. 公路旅客运输公司

38. 旅行社

39. 高等教育机构

40. 动漫创作、制作及衍生品开发

41. 城市燃气、热力和供排水管网建设、经营

42. 旅游景区(点)保护、开发和经营及其配套设施建设

43. 资源枯竭型城市资源精深加工和接续产业等项目

江西省

1. 脐橙、蜜桔、甜柚、茶叶、光皮树、油茶、苎麻、竹、山药、荞头、莲、葛、花生、芝麻、艾草等特色、优势植物及道地药材和药食两用作物种植及深加工

2. 园林花卉初级或精深加工

3. 饮用天然矿泉水生产

4. 富硒农产品、食品的开发、生产

5. 铜矿选矿、伴生元素提取及精深加工及循环利用

6. 高岭土、粉石英、硅灰石、海泡石、化工用白云石、花岗石、青石等非金属矿产品精深加工

7. 氟硅有机材料研发、生产

8. 棉、毛、麻、丝、化纤的高档纺织、针织及服装加工生产和相关产品的研发、检测

9. 木质家具设计、利用境外木材资源的木质家具加工

10. 工艺品、园艺用品、竹木制品生产

11. 箱包、服装配饰开发生产

12. 皮鞋、运动鞋等整鞋制造

13. 单条化学木浆 30 万吨/年及以上、化学机械木浆 10 万吨/年及以上、化学竹浆 10 万吨/年及以上的林纸一体化生产线及相应配套的纸及纸板生产线(新闻纸、铜版纸除外)建设,采用清洁生产工艺、以非木纤维为原料、单条 10 万吨/年及以上的纸浆生产线建设

14. 年产 10 万吨以上利用木薯类植物的生物液体燃料生产

15. 利用钨、镍、钴、钽、铌等稀有金属资源深加工、应用产品生产及循环利用

16. 利用乙烯与氯气通过氧氯化法生产30万吨/年以上PVC，废盐酸制氯气等综合利用技术开发与应用

17. 天然药、原料药、中成药的研发与生产（不含涉密处方），满足我国重大、多发性疾病防治需求的通用名药物首次开发和利用

18. 艺术陶瓷、日用陶瓷、工业陶瓷的研发、生产

19. 高性能子午线轮胎的生产：无内胎载重子午胎，低断面和扁平化（低于55系列）、大轮辋高性能轿车子午胎（15吋以上），航空轮胎及农用子午胎

20. 包装装潢印刷品印刷

21. 通讯终端产品及零部件的研发与生产

22. 新型电子元器件覆铜板制造

23. 汽车零部件制造：六档以上自动变速箱、商用车用高功率密度驱动桥、随动前照灯系统、LED前照灯、轻量化材料应用（高强钢、铝镁合金、复合塑料、粉末冶金、高强度复合纤维等）、离合器、液压减震器、中控盘总成、座椅

24. 医疗设备及关键部件开发、生产

25. 空调、高效节能压缩机及零部件生产

26. 太阳能发电设备及零部件制造

27. 基于锂电池、钠电池、铝电池等新能源电池的分布式储能设备的研发、制造和工程安装

28. 半导体芯片上下游产品研发与生产

29. 半导体照明材料上下游产品及相关设备的研发、制造

30. 锂电池等锂产品生产专用设备的研发、制造

31. 光学部件及镀膜技术的研发、应用及制造

32. 光伏发电系统集成技术开发与应用

33. 宽带业务和增值电信业务（限于中国入世承诺开放的电信业务）

34. 公路旅客运输公司

35. 商业连锁经营、跨区域代理经营等新型流通业

36. 基于虚拟现实(VR)或增强现实(AR)设备的职业和技能培训服务

37. 动漫创作、制作及衍生品开发

38. 养生休闲服务、休闲旅游等休闲产业

39. 旅游景区(点)保护、开发和经营及其配套设施建设

40. 基于虚拟现实(VR)或增强现实(AR)设备的文化创意(不涉及网络视听节目服务),包括软件、硬件开发以及相关虚拟产品和现实周边产品的设计、生产、销售

河南省

1. 优质茶、柳条、大蒜、花生、菊花、金银花、树莓、山茱萸、猕猴桃、香菇酱、粉条、芝麻、食用菌、柑桔、杏梨、软籽石榴等优势及特色农产品和药食两用作物的种植、加工

2. 退耕还林还草、天然林保护等国家重点生态工程后续产业开发

3. 节水灌溉和旱作节水技术、保护性耕作技术开发与应用

4. 调味面、米制品生产

5. 铜、镁、锌、铝、铅、贵金属等有色金属精深加工

6. 棉、毛、麻、丝、化纤的高档纺织、针织及服装加工生产和相关产品的研发、检测

7. 煤层气(煤矿瓦斯)抽采和利用技术产品开发、生产

8. 焦炭副产品综合利用

9. 超硬材料产品生产

10. 天然药、原料药、中成药的深加工(不含涉密处方)

11. 数字化包装装潢印刷品印刷

12. 特殊品种(超白、超薄、在线 Low-E、中空、超厚)优质浮法玻璃技术开发和深加工

13. 高性能子午线轮胎的生产:无内胎载重子午胎,低断面和扁平化(低于 55 系列)、大轮辋高性能轿车子午胎(15 吋以上),航空轮胎及农用子午胎

14. 石墨烯、碳纤维(复合材料)等碳系材料的生产设备(气象沉淀、碳化烧结等)的研发、制造,石墨烯、碳纤维(含复合材料)等碳系材料的研发生产及终端产品制造

15. 液压管材产业生产、研发、检测

16. 汽车零部件制造:六档以上自动变速箱、商用车用高功率密度驱动桥、随动前照灯系统、LED 前照灯、轻量化材料应用(高强钢、铝镁合金、复合塑料、粉末冶金、高强度复合纤维等)、离合器、液压减震器、中控盘总成、座椅

17. 新型医疗器械设备及医用材料生产加工

18. 防疫、防护产品及其生产设备的研发、生产

19. 硅基材料生产、加工及应用

20. 三轴以上联动的高速、精密数控机床及配套数控系统、伺服电机及驱动装置、功能部件、刀具、量具、量仪及高档磨具磨料生产

21. 智能化现代农业装备及配套农机具的生产

22. 300 马力以上配备无级变速器轮式拖拉机,300 马力以上拖拉机关键零部件制造:无级变速拖拉机发动机、变速箱、液力联合控制系统、双输入双输出无级调速装置

23. 500 万吨/年及以上矿井、薄煤层综合采掘设备,1000 万吨级/年及以上大型露天矿关键装备;12000 米及以上深井钻机、极地钻机、高位移性深井沙漠钻机、沼泽难进入区域用钻机、海洋钻机、车装钻机、特种钻井工艺用钻机等钻机成套设备

24. 电能综合管理自动化设备制造

25. 太阳能光伏产品生产制造

26. 智能手机、平板电脑等智能终端及关键零部件开发、生产

27. 空调、电冰箱、高效节能压缩机及零部件制造

28. 生物医药技术开发、生产

29. 生物质能开发、生产、利用

30. 宽带业务和增值电信业务(限于中国入世承诺开放的电信

业务）

31. 公路货运场站设施的建设和运营

32. 公路旅客运输公司

33. 创意设计、工业设计、软件设计及生产

34. 高等教育机构

35. 动漫创作、制作及衍生品开发

36. 城市燃气、热力和供排水管网建设、经营

37. 观光农业、休闲农业、设施农业的开发和经营及其配套设施建设

38. 健康医疗旅游开发

39. 旅游景区（点）保护、开发和经营及其配套设施建设

湖北省

1. 农林牧渔特色产业发展、研发、加工及出口（不含粮食作物）

2. 农作物新品种选育和种子生产

3. 茶叶种植、加工及收购服务

4. 保护性耕作技术开发与应用

5. 饮用天然矿泉水生产

6. 富硒农产品、食品的开发、生产

7. 高档纺织品及服装工艺技术开发

8. 无纺布及医用纺织品生产

9. 动植物药材、保健品资源的开发、保护和可持续利用，植物花叶根茎产品研发、籽粒榨油深加工

10. 棉、毛、麻、丝、化纤的高档纺织、针织及服装加工生产和相关产品的研发、检测

11. 皮鞋、运动鞋等整鞋制造

12. 包装装潢印刷品印刷

13. 生物医药技术研发、生产

14. 石墨烯、碳纤维（复合材料）等碳系材料的生产设备（气象沉淀、碳化烧结等）的研发、制造，石墨烯、碳纤维（含复合材料）等

碳系材料的研发生产及终端产品制造

15. 绿松石精细加工

16. 铜矿及其他有色金属产品延伸加工及循环利用

17. 特殊品种(超白、超薄、在线 Low-E、中空、超厚)优质玻璃技术开发和深加工

18. 钟表生产制造

19. 陶瓷卫浴产品生产

20. 空调、高效节能压缩机及零部件制造

21. 节能、节水、环保设备制造及其解决方案应用

22. 汽车零部件开发与制造:六档以上自动变速箱、商用车用高功率密度驱动桥、随动前照灯系统、LED 前照灯、轻量化材料应用(高强钢、铝镁合金、碳纤维、复合塑料、粉末冶金、高强度复合纤维等)、离合器、液压减震器、汽车动力转向器、中控盘总成、座椅、燃油共轨喷射系统相关产品、涡轮增压发动机、电机及控制系统、主动安全及自动驾驶控制系统及其关键件和零部件

23. 车用压缩氢气塑料内胆碳纤维全缠绕气瓶

24. 高性能子午线轮胎的生产:无内胎载重子午胎,低断面和扁平化(低于 55 系列)、大轮辋高性能轿车子午胎(15 吋以上),航空轮胎及农用子午胎

25. 三轴以上联动的高速、精密数控机床及配套数控系统、伺服电机及驱动装置、功能部件、刀具、量具、量仪及高档磨具磨料生产

26. 特种钢丝绳、钢缆(平均抗拉强度>2200MPa)制造

27. 激光医疗设备开发与制造

28. 高端油气开采装备(石油机械压裂装备)制造

29. 数字医疗系统、社区护理、个人健康维护相关产品开发与应用

30. 柔性显示屏、显示屏材料生产

31. 太阳能发电设备及零部件制造

32. 光电子技术和产品（含光纤预制棒、半导体发光二极管LED）开发与制造

33. 集成电路材料、装备、芯片制造及化合物半导体材料、器件研发、制造

34. 锂资源加工和相关锂产品的研发、制造

35. 医药化工原料废气、废液、废渣的综合利用

36. 新型医疗器械设备及医用材料生产加工

37. 防疫、防护产品研发、生产

38. 企业食品安全追溯体系开发和建设

39. 生物质能开发、生产、利用

40. 储能技术研发与生产应用（含抽水蓄能、电化学储能、压缩空气储能、飞轮储能、氢储能、热储能等）

41. 宽带业务和增值电信业务（限于中国入世承诺开放的电信业务）

42. 公路旅客运输公司

43. 光储充一体化系统、新能源汽车充电设备技术的开发与应用

44. 商业连锁经营、跨区域代理经营等新型流通业

45. 动漫创作、制作及衍生品开发

46. 城市燃气、热力和供排水管网建设、经营

47. 旅游景区（点）保护、开发和经营及其配套设施建设

48. 健康医疗旅游开发

湖南省

1. 节水灌溉和旱作节水技术、保护性耕作技术开发与应用

2. 油茶等木本油料的种植和加工

3. 企业食品安全追溯体系开发和建设

4. 农牧食品行业全产业链建设与运营

5. 棉、毛、麻、丝、化纤的高档纺织、针织及服装加工生产和相关产品的研发、检测

6. 皮鞋、运动鞋等整鞋制造

7. 箱包、玩具、假发、特色工艺品开发生产

8. 竹木高端环保家具、重组竹材、户外竹材、一次性餐具、竹纤维产品开发与制造

9. 高性能混凝土掺和剂

10. 锰锌精深加工

11. 铋化合物生产

12. 铝基轻金属材料深加工

13. 艺术陶瓷、日用陶瓷、工业陶瓷的研发、生产

14. 天然药、中成药的深加工(不含涉密处方)

15. 激素类药物深度开发

16. 特种(超白、超薄、在线 Low-E、中空、超厚等)优质玻璃技术开发和深加工

17. 高端建筑用热轧无缝钢管、核电用管、超临界高压锅炉用无缝钢管及成品油套管等大口径钢管材加工

18. 高性能子午线轮胎的生产:无内胎载重子午胎,低断面和扁平化(低于 55 系列)、大轮辋高性能轿车子午胎(15 吋以上),航空轮胎及农用子午胎

19. 硬质合金精深加工

20. 双金属高速锯切工具

21. 新能源汽车热管理系统及控制系统研发、制造,包含电驱热管理系统,电池热管理系统以及乘客舱热管理系统及其控制系统的研发、制造

22. 汽车零部件及汽车电子装置开发与制造:六档以上自动变速箱、商用车用高功率密度驱动桥、随动前照灯系统、LED 前照灯、轻量化材料应用(高强钢、铝镁合金、复合塑料、粉末冶金、高强度复合纤维等)、离合器、液压减震器、中控盘总成、座椅、燃油共轨喷射系统相关产品、涡轮增压发动机、电机及控制系统、主动安全及自动驾驶控制系统

23. 三轴以上联动的高速、精密数控机床及配套数控系统、伺服电机及驱动装置、功能部件、刀具、量具、量仪及高档磨具磨料生产

24. 30 吨以上液压挖掘机、6 米及以上全断面掘进机、320 马力及以上履带推土机、6 吨及以上装载机、600 吨及以上架桥设备（含架桥机、运梁车、提梁机）、400 吨及以上履带起重机、100 吨及以上全地面起重机、钻孔 100 毫米以上凿岩台车、400 千瓦及以上砼冷热再生设备、1 米宽及以上铣刨机；关键零部件：动力换挡变速箱、湿式驱动桥、回转支承、液力变矩器、为电动叉车配套的电机、电控、压力 25 兆帕以上液压马达、泵、控制阀

25. 60C 及以上混凝土输送泵、50 米及以上混凝土泵车、混凝土布料机、混凝土搅拌运输车、混凝土喷射机械手；起升机械：塔式起重机、50 米及以上高空作业车、50 吨级以上轮胎吊；路面机械：12 米及以上沥青路面摊铺机、4 吨以上沥青混凝土搅拌设备、26 吨以上全液压压路机、垃圾收运和处理设备及系统等产品

26. 大型工程机械关键零部件制造：动力换挡变速箱、湿式驱动桥、回转支承、液力变矩器、为电动叉车配套的电机、电控、压力 25 兆帕以上液压马达、泵、控制阀

27. 油茶、竹木产业生产加工机械装备制造

28. 新型橡胶机械成套设备制造

29. 新型医疗器械设备及医用材料生产加工

30. 广域电磁勘探装备开发、生产

31. 大型地下工程装备数字样机及数字孪生开发、生产

32. 电子产品整机、光电子、电子材料、电子元器件、零部件的开发和制造

33. 智能手机、平板电脑等智能终端产品及关键零部件的技术开发、生产

34. 太阳能、风能发电设备及零部件制造

35. 3D 玻璃和陶瓷用感光油墨开发、生产

36. 显示与半导体用高纯金属材料开发、生产

37. 生物质能开发、生产、利用

38. 宽带业务和增值电信业务（限于中国入世承诺开放的电信业务）

39. 公路旅客运输公司

40. 动漫创作、制作及衍生品开发

41. 城市燃气、热力和供排水管网建设、经营

42. 文化演出场所建设、艺术表演培训等服务

43. 体育场馆设施建设、体育赛事（不含电子竞技）运营及体育健身休闲服务

44. 健康医疗旅游开发

45. 旅游景区（点）保护、开发和经营及其配套设施建设

46. 自然遗迹保护、开发和经营及其配套设施建设

广西自治区

1. 农作物新品种选育和种子生产

2. 水果、坚果、含果油、香料及饮料作物种植深加工及综合利用技术研发与应用

3. 退耕还林还草等国家重点生态工程后续产业开发

4. 动植物药材资源开发、生产

5. 营养性豆奶粉、传统豆制品、功能性蛋白产品、大豆磷脂等非转基因大豆制品生产加工

6. 日处理甘蔗5000吨及以上的蔗糖精深加工及副产品综合利用

7. 松香深加工

8. 饮用天然矿泉水生产

9. 啤酒制造产业

10. 木、竹、藤、金属、塑料家具的设计、制造

11. 棉、毛、麻、丝、化纤的高档纺织、针织及服装加工生产和相关产品的研发、检测

12. 鞋帽、玩具、假发、箱包、皮具开发生产

13. 单条化学木浆 30 万吨/年及以上、化学机械木浆 10 万吨/年及以上、化学竹浆 10 万吨/年及以上的林纸一体化生产线及相应配套的纸及纸板生产线(新闻纸、铜版纸除外)建设,采用清洁生产工艺、以非木纤维为原料、单条 10 万吨/年及以上的纸浆生产线建设,先进制浆、造纸设备开发与制造,无元素氯(ECF)和全无氯(TCF)化学纸浆漂白工艺开发与应用

14. 石墨烯、碳纤维(复合材料)等碳系材料的生产设备(气象沉淀、碳化烧结等)的研发、制造,石墨烯、碳纤维(含复合材料)等碳系材料的研发生产及终端产品制造

15. 碳酸钙精深加工

16. 锂离子电池用三元和多元、磷酸铁锂等正极材料、中间相炭微球和硅碳等负极材料、单层与三层复合锂离子电池隔膜、氟代碳酸乙烯酯(FEC)等电解质与添加剂开发、生产;废旧电池资源化和绿色循环生产工艺及其装备制造

17. 不锈钢制品生产

18. 铜、铝合金材料及制品生产

19. 锌、锡、锑、钨、锰、铟等金属精深加工

20. 艺术陶瓷、日用陶瓷、工业陶瓷的研发、生产

21. 天然药、原料药、中成药的深加工(不含涉密处方),壮医药、壮医医疗设备的研究、开发

22. 生物医药技术研发及生物药品生产,通过仿制药质量和疗效一致性评价的通用名药物开发和生产

23. 医疗仪器设备、器械及卫生材料、医药用品、药用辅料的研发、制造

24. 特殊品种(超白、超薄、在线 Low-E、中空、超厚)优质浮法玻璃技术开发和深加工

25. 利用木薯、麻风树、橡胶籽等非粮植物为原料的生物液体燃料(燃料乙醇、生物柴油)生产

26. 高性能子午线轮胎的生产：无内胎载重子午胎，低断面和扁平化（低于 55 系列）、大轮辋高性能轿车子午胎（15 吋以上），航空轮胎及农用子午胎

27. 汽车整车制造，专用汽车（不包括普通半挂车、自卸车、罐式车、厢式车和仓栅式汽车）制造（须执行《汽车产业投资管理规定》）

28. 汽车零部件制造：六档以上自动变速箱、商用车用高功率密度驱动桥、随动前照灯系统、LED 前照灯、轻量化材料应用（高强钢、铝镁合金、复合塑料、粉末冶金、高强度复合纤维等）、离合器、液压减震器、中控盘总成、座椅

29. 符合非道路四阶段排放标准发动机制造

30. 甘蔗种植机、甘蔗收获机等农机具研发及制造

31. 新型橡胶机械成套设备制造

32. 大型工程机械关键零部件制造：动力换挡变速箱、湿式驱动桥、回转支承、液力变矩器、为电动叉车配套的电机、电控、压力 25 兆帕以上液压马达、泵、控制阀

33. 高端制药设备的开发、生产

34. 光储充一体化，新能源汽车充电设备技术的开发应用或生产加工

35. 智能手机、平板电脑等智能终端产品及关键零部件的技术开发、生产

36. 药物筛选平台、临床技术转化平台、中试放大平台等药物、医疗器械产品研发和生产第三方技术平台

37. 宽带业务和增值电信业务（限于中国入世承诺开放的电信业务）

38. 公路旅客运输公司

39. 会议、展览策划筹备及相关服务

40. 国际船舶代理、外轮理货

41. 船舶供应、第三方船舶管理、航运仲裁、海损理算、航运交

易、航运租赁、保税仓储、国际物流配送、航运信息服务、船员服务、海事培训等航运服务业

42. 跨境旅游、跨境物流、跨境人力资源服务等跨境产业合作的投资开发

43. 高等教育机构

44. 城市燃气、热力和供排水管网建设、经营

45. 动漫创作、制作及衍生品开发

46. 养生休闲服务、休闲旅游等休闲产业

47. 健康医疗旅游开发

48. 旅游景区(点)保护、开发和经营及其配套设施建设

49. 体育场馆设施建设、体育赛事(不含电子竞技)运营及体育健身休闲服务

50. 特色旅游工艺品设计及生产

海南省

1. 农作物、畜禽优良品种选育和种苗生产

2. 热带果树种苗引进、培育、经营

3. 水产品加工及副产品综合利用

4. 椰子、燕窝深加工

5. 海防林恢复、天然林保护、节水灌溉和旱作节水等技术的开发与应用

6. 农业废弃物回收利用技术开发与应用

7. 饮用天然矿泉水生产

8. 生物医药技术开发、生产

9. 海南省中药、民族药的研发、生产

10. 海底矿物勘查、开采

11. 以境外木、藤为原材料的高端家具生产

12. 旅游工艺品创意设计及生产

13. 天然气下游化工产品开发和利用(列入《天然气利用政策》限制类和禁止类的除外)

14. 高性能子午线轮胎的生产：无内胎载重子午胎，低断面和扁平化（低于55系列）、大轮辋高性能轿车子午胎（15吋以上），航空轮胎及农用子午胎

15. 5MW及以上海上风电机组技术开发与设备制造、海上风电场建设

16. 新型医疗器械设备及医用材料生产加工，特别是拥有自主知识产权的医疗仪器设备及器械研发与生产

17. 海洋石油勘探、开采、生产相关的设备研发、制造、检验、维修、销售及配套产业

18. 精密机械手表、机械时钟及零部件制造，智能手表及零部件制造

19. 新能源汽车设计、研发及零部件制造

20. 防疫、防护产品及其生产设备的研发、生产

21. 新能源、清洁能源动力船舶研发

22. 邮轮的设计、制造、维修及相关基础设施设备建设和供船服务、旅游产品经营服务

23. 游艇的设计、制造、维修及相关基础设施设备建设和供船服务、旅游产品经营服务

24. 海洋工程设备研发、制造

25. 高尔夫用具制造

26. 光电子技术和产品（含光纤预制棒、半导体发光二极管LED）开发、制造

27. 智能手机、平板电脑等智能终端产品及关键零部件的技术开发、生产

28. 航天相关设备制造

29. 高端消费品经营

30. 离岸新型国际贸易（技术先进型服务）

31. 宽带业务和增值电信业务（限于中国入世承诺开放的电信业务）

32. 公路旅客运输公司

33. 现代供应链创新与应用

34. 航空油料保障

35. 船用产品、物料供应等船舶供应

36. 国际水上客货运输及辅助业务

37. 国际船舶代理、外轮理货

38. 船舶供应、第三方船舶管理、航运保险、航运仲裁、海损理算、航运交易、航运金融、航运租赁、保税仓储、国际物流配送、航运信息服务、船员服务、海事培训等航运服务业

39. 大宗商品贸易(国家实行配额管理的商品除外)

40. 品牌体验店、品牌直销购物中心、连锁便利店、主题商城

41. 贸易经纪、代理与服务

42. 新能源汽车及零配件销售

43. 全球集拼分拨系统研发及运营管理

44. 旅游、生态、文化主题酒店的建设、运营

45. 机械设备经营租赁

46. 医药器械外包服务(合同研究组织 CRO、医药生产外包 CDMO)

47. 医药咨询

48. 园区管理服务

49. 高端化工品、化工新材料、天然气化工产业的工艺、装置和技术的研发及设计

50. 证券公司、期货公司、保险公司

51. 创业投资、天使投资、其他期货市场服务、资本投资服务

52. 融资租赁服务

53. 医疗设备、公务机、新能源汽车经营租赁及维修服务

54. 钻石、宝玉石珠宝等消费精品设计、加工、制造和贸易

55. 旅行社

56. 外籍人员子女学校

57. 普通高中和高等教育机构

58. 高端专业医疗、康复、护理等医疗卫生服务

59. 城市燃气、热力和供排水管网建设、经营

60. 电影院的建设、经营

61. 互联网上网服务营业场所

62. 动漫创作、制作及衍生品开发

63. 演出经纪机构

64. 娱乐场所经营

65. 体育健康休闲、体育旅游、养生休闲等休闲服务

66. 健康医疗旅游、体育旅游开发

67. 乡村民宿、旅居车旅游的开发和经营及配套设施建设

68. 观光农业、休闲农业的开发和经营及其配套设施建设

69. 旅游景区(点)保护、开发和经营及其配套设施建设

70. 海洋、热带雨林生态旅游资源开发、经营及其配套设施建设

71. 城市综合体概念的旅游社区、旅游度假区

72. 智能体育

重庆市

1. 农林牧渔特色产业发展、技术研发、产品加工及出口

2. 啤酒制造产业

3. 上游石油天然气(特别是四川盆地)矿权空白区域的海相页岩和湖相页岩的勘探、开采和选矿,页岩油气技术开发与应用

4. 天然气下游化工产品生产和开发(列入《天然气利用政策》限制类和禁止类的除外)

5. 聚氨酯主要原料、组合料,高性能、高附加值聚氨酯、工程塑料及下游新材料创新应用产品开发、生产

6. 天然药、原料药、中成药的深加工(不含涉密处方),中医药加工及生物成分萃取,特色原料药和中间体、海外汉方药、化学仿制药生产

7. 生物医药技术开发、生产

8. 石墨烯、碳纤维(复合材料)等碳系材料的生产设备(气象沉淀、碳化烧结等)的研发、制造,石墨烯、碳纤维(含复合材料)等碳系材料的研发生产及终端产品制造

9. 气凝胶节能材料的技术开发和生产应用

10. 长寿节能环保耐火材料生产

11. 特殊品种(超白、超薄、在线 Low-E、中空、超厚、本体着色)优质浮法玻璃技术开发和深加工,汽车级优质浮法玻璃(用于汽车玻璃>产量的 85%及以上)的技术开发

12. 木、竹、藤、金属、塑料家具的设计、制造

13. 棉、毛、麻、丝、化纤的高档纺织、针织及服装加工生产

14. 玩具开发生产

15. 艺术陶瓷、日用陶瓷、工业陶瓷的研发、生产

16. 铝、镁精深加工

17. 环保设备(大气、污水、固废处理设备)制造及其解决方案应用

18. 排气量 250ml 及以上高性能摩托车整车制造及重要零部件制造

19. 汽车整车制造,专用汽车(不包括普通半挂车、自卸车、罐式车、厢式车和仓栅式汽车)制造(须执行《汽车产业投资管理规定》)

20. 高性能子午线轮胎的生产:无内胎载重子午胎,低断面和扁平化(低于 55 系列)、大轮辋高性能轿车子午胎(15 吋以上),航空轮胎及农用子午胎以及列入《当前优先发展的高技术产业化重点领域指南》的子午线轮胎关键原材料

21. 汽车零部件制造:满足国六排放标准及以上的增压直喷汽油机/清洁高效柴油机/驱动系统零部件(离合器、减振器、双质量飞轮)、六档以上自动变速箱(AT、DCT、AMT)、座椅、传动轴、电动转向系统零部件、新能源专用发动机/变速器;新能源车用动力锂

电池、驱动电机、电控系统、电制动、电仪表、能量回收系统、电空调、远程监控系统等关键零部件;传动/安全/车身/行驶/信息控制系统、高级驾驶辅助系统(ADAS)、自动驾驶控制系统等智能汽车关键部件;DPF、GPF、SCR 等发动机后处理系统、替代燃料发动机 ECU 控制策略及软硬件;轻量化底盘及车身;轻量化材料应用(高强钢、铝镁合金、复合塑料、粉末冶金、高强度复合纤维等)、行业共性技术平台(汽车风洞、轻量化、全球研发中心等)建设等

22. 储能技术研发与生产应用(含抽水蓄能、电化学储能、压缩空气储能、飞轮储能、氢储能、热储能等)

23. 天然气分布式能源燃气轮机、内燃机的研发、制造

24. 太阳能发电设备及零部件制造

25. 线宽 0.25 微米以下大规模数字集成电路制造

26. 计算机、智能手机、家用电器、智能家居等智能终端产品及元件、器件的技术开发、生产

27. 显示屏、芯片制造用电子特气、化合物半导体、电子化学品的生产、应用

28. 新型医疗器械设备及医用材料、康复用设备及关键部件的开发生产

29. 500 千伏及以上高压直流换流变压器研发、制造

30. 三级能效以上节能环保型家电整机,压缩机、电机、变频器、液晶面板等关键零部件生产,无线输电、裸眼 3D、体感输入等新技术开发

31. 半导体照明材料上下游产品及相关设备的研发、制造

32. 二氧化碳回收、一氧化碳等特殊工业气体制备及应用

33. FINEX 技术及高速、无头连轧技术研发、应用

34. 高精度、高可靠性过程测量仪表,智能传感器制造

35. 商业连锁经营、跨区域代理经营等新型流通业

36. 宽带业务和增值电信业务(限于中国入世承诺开放的电信业务)

37. 平行进口汽车符合性整改

38. 医药和医疗器械研发和生产第三方技术平台运用

39. 高等教育机构

40. 城市燃气、热力和供排水管网建设、经营

41. 数字创意、动漫创作、制作及衍生品开发(不涉及网络视听节目服务)

42. 旅行社经营、旅游景区(点)保护、开发和经营及其配套设施建设

43. 金融机构的金融科技产品研发、应用和服务输出

44. "三农"、小微企业、个体工商户小额贷款金融服务

45. 太阳能热利用及光伏发电应用一体化建筑,节能建筑、绿色建筑、装配式建筑技术、产品的研发与推广,城镇园林绿化及生态小区建设

四川省

1. 农林牧渔特色产业发展、技术研发、产品加工及出口(包括中药、红薯、柠檬、茶叶,水果酿酒等)

2. 节水灌溉和旱作节水技术、保护性耕作技术开发与应用

3. 上游石油天然气(特别是四川盆地)矿权空白区域的海相页岩和湖相页岩的勘探、开采、选矿,页岩油气技术开发与应用

4. 饮用天然矿泉水生产

5. 啤酒制造产业

6. 棉、毛、麻、丝、化纤的高档纺织、针织及服装加工生产和相关产品的研发、检测

7. 皮鞋、运动鞋等整鞋制造

8. 文具、玩具、教学用具、箱包开发生产

9. 重型瓦楞纸板及纸箱设备制造

10. 木、竹、藤、金属、塑料家具的设计、制造

11. 体育用品及相关产品研发、制造

12. 聚氨酯主要原料、组合料,高性能、高附加值聚氨酯、工程

塑料及下游新材料创新应用产品开发、生产

13. 天然药、原料药、中成药的深加工，特色中药材的种植、养殖及加工（不含涉密处方）

14. 生物医药及医药中间体、生物制剂的研发、生产

15. 高端医疗设备及医用材料开发生产

16. 高端医用器械、生物医药制造

17. 恶性肿瘤、心脑血管疾病、神经退行性疾病、糖尿病、自身免疫性疾病、血液系统及其它重大疾病药物生产

18. 流行性呼吸系统疾病、肝炎等重大传染病预防性疫苗及肿瘤、心脑血管新型疫苗生产

19. 钒钛资源综合利用新技术和新产品研发、制造

20. 钛合金精深加工

21. 天然气下游化工产品生产和开发（列入《天然气利用政策》限制类和禁止类的除外）

22. 含氟精细化学品和高品质含氟无机盐生产

23. 特殊品种（超白、超薄、在线 Low-E、中空、超厚）优质浮法玻璃技术开发和深加工

24. 石墨烯、碳纤维（含复合材料）等碳系材料的研发生产及终端产品制造

25. 石墨的高端应用和精深加工

26. 线缆线束（包含高端汽车线缆线束、工业用线束、LVDS 连接线、线缆及配套高分子材料等）的生产制造

27. 硅材料及晶硅光伏新材料的开发、生产

28. 应用于工业、医学、电子、航空航天等领域的特种陶瓷生产及技术、装备开发；陶瓷清洁生产及综合利用技术开发

29. 3D 车载盖板玻璃制造（车内显示屏防护材料）

30. 锂资源加工和相关锂产品的研发、制造

31. 新型放化疗、医用机器人、新型数字医学影像设备等高端诊疗整机设备研发及生产

32. 节能、低温家庭储藏粮食设备研发与制造

33. 大型游乐设施研发制造及检验检测

34. 汽车整车制造，专用汽车（不包括普通半挂车、自卸车、罐式车、厢式车和仓栅式汽车）制造（须执行《汽车产业投资管理规定》）

35. 高性能子午线轮胎的生产：无内胎载重子午胎，低断面和扁平化（低于55系列）、大轮辋高性能轿车子午胎（15吋以上），航空轮胎及农用子午胎

36. 汽车零部件及汽车电子装置开发与制造：六档以上自动变速箱、商用车用高功率密度驱动桥、随动前照灯系统、LED前照灯、轻量化材料应用（高强钢、铝镁合金、复合塑料、粉末冶金、高强度复合纤维等）、离合器、液压减震器、中控盘总成、座椅、燃油共轨喷射系统相关产品、涡轮增压发动机、电机及控制系统、主动安全及自动驾驶控制系统

37. 30吨以上液压挖掘机、6米及以上全断面掘进机、320马力及以上履带推土机、6吨及以上装载机、600吨及以上架桥设备（含架桥机、运梁车、提梁机）、400吨及以上履带起重机、100吨及以上全地面起重机、钻孔100毫米以上凿岩台车、400千瓦及以上砼冷热再生设备、1米宽及以上铣刨机；关键零部件：动力换挡变速箱、湿式驱动桥、回转支承、液力变矩器、为电动叉车配套的电机、电控、压力25兆帕以上液压马达、泵、控制阀

38. 太阳能发电设备及零部件制造

39. 全钒液流电池开发、生产

40. 储能技术研发与生产应用（含抽水蓄能、电化学储能、压缩空气储能、飞轮储能、氢储能、热储能等）

41. 3000KW以上大型、重型燃气轮机高温部件及控制系统的研发、制造

42. 半导体照明材料上下游产品及相关设备的研发、制造

43. 精密电子注塑产品开发、生产

44. 液晶电视、数字电视、节能环保电冰箱、智能洗衣机等高档家用电器制造

45. 智能手机、平板电脑等智能终端产品及关键零部件的技术开发、生产

46. 半导体、光电子器件、新型电子元器件等电子产品用材料开发、生产

47. 新型电子元器件制造:高速、敏感电子(气)连接器

48. 医疗及康复用器械、设备及关键部件的开发、生产

49. 天然气压缩机(含煤层气压缩机)制造

50. 环保设备制造及其解决方案应用

51. 工业尾矿及工业生产废弃物及低品位、复杂、难处理矿的资源化利用

52. 工业过程自动控制系统与装置制造:现场总线控制系统,可编程控制器(PLC),两相流量计,固体流量计,新型传感器及现场测量仪表

53. 商业连锁经营、跨区域代理经营等新型流通业

54. 宽带业务和增值电信业务(限于中国入世承诺开放的电信业务)

55. 公路旅客运输公司

56. 观光旅游、体育航空类通用航空公司

57. 卫生咨询、健康管理、医疗知识等医疗信息服务

58. 城市燃气、热力和供排水管网建设、经营

59. 动漫创作、制作及衍生品开发

60. 艺术表演培训和中介服务及文化用品、设备等产业化开发

61. 旅游景区(点)保护、开发和经营及其配套设施建设

62. 健康旅游开发

63. 开发数字文体旅游、康养体育旅游、音乐旅游等产品

贵州省

1. 茶叶的种植、开发、培育、销售、深加工及新品种的育种、推

广

2. 富硒农产品种植、栽培技术开发(不含粮食作物);富硒农产品、食品的开发、生产(不含粮食作物)

3. 蓝莓的种植、开发、培育、销售、深加工及新品种的培育、推广

4. 特色药用植物种植、加工和制药新工艺开发

5. 退耕还林还草、天然林保护等国家重点生态工程后续产业开发

6. 节水灌溉和旱作节水技术开发与应用

7. 马铃薯、魔芋等产品深加工

8. 畜禽、辣椒、苦荞、山药、核桃深加工

9. 棉、毛、麻、丝、化纤的高档纺织、针织及服装加工生产和相关产品的研发、检测

10. 体育用品及相关产品研发、制造

11. 针状焦生产、粗苯精深加工产业

12. 用先进技术对固定层合成氨装置进行优化节能技改项目建设、运营

13. 利用甲醇开发 M100 新型动力燃料及合成氨生产尾气发展新能源

14. 利用工业生产二氧化碳废气发展工业级、食品级二氧化碳

15. 己二酸生产

16. 采用先进技术建设 30 万吨/年及以上煤制合成氨及配套尿素项目建设、运营

17. 动植物药材资源开发、保护和可持续利用

18. 特殊品种(超白、超薄、在线 Low-E、中空、超厚)优质浮法玻璃技术开发和深加工

19. 铝等有色金属精深加工

20. 高性能铝合金系列产品开发

21. 新型短流程钢铁冶炼技术开发及应用

22. 非高炉冶炼技术(直接还原法)开发与应用

23. 磨料磨具产品生产

24. 新型凿岩钎具的开发及用钢材料生产

25. 制酒、制茶用生产设备的制造

26. 新能源电池正负极材料的加工(磷酸铁锂、六氟磷酸锂加工)

27. 半导体照明材料上下游产品及相关设备的研发、制造

28. 动力锂电池材料研发、生产

29. 汽车整车制造,专用汽车(不包括普通半挂车、自卸车、罐式车、厢式车和仓栅式汽车)制造(须执行《汽车产业投资管理规定》)

30. 汽车零部件制造:六档以上自动变速箱、商用车用高功率密度驱动桥、随动前照灯系统、LED 前照灯、轻量化材料应用(高强钢、铝镁合金、复合塑料、粉末冶金、高强度复合纤维等)、离合器、液压减震器、中控盘总成、座椅

31. 有特色优势的特种工程机械、架桥铺路机械、破碎机械、液压基础件、数控机床、节能环保装备、4MW 燃汽轮机及以下产品的开发、制造

32. 复式永磁电机抽油机系列化产品开发、生产

33. 微型马达生产制造

34. 复杂地质条件的矿用开采、掘进、提升、井下运输等特种设备及产品的开发、制造

35. 适用于西部山区的轻便、耐用、低耗中小型耕种收和植保、节水灌溉、小型抗旱设备及粮油作物、茶叶、特色农产品等农业机械开发、制造

36. 太阳能发电设备及零部件制造

37. 宽带业务和增值电信业务(限于中国入世承诺开放的电信业务)

38. 公路旅客运输公司

39. 演出经纪机构

40. 城市燃气、热力和供排水管网建设、经营

41. 茅台生态带综合保护及赤水河流域遥感技术应用

42. 旅游景区(点)保护、开发和经营及其配套设施建设

43. 少数民族特需用品、工艺美术品、银饰、刺绣、蜡染等特色手工艺品、旅游纪念品生产

44. 康养旅游开发

云南省

1. 咖啡、茶叶、油茶、油桐的种植、开发、培育、销售、深加工及新品种的育种和推广

2. 新型天然橡胶开发、应用

3. 天然香料香精生产技术开发及制造

4. 退耕还林还草、天然林保护等国家重点生态工程后续产业开发

5. 高原湖泊保护、污染治理

6. 节水灌溉和旱作节水技术开发与应用

7. 乡村民宿及休闲农业的开发性经营及配套基础设施建设

8. 丘陵山区通用动力平台及配套耕作、栽插、中耕、植保、收获等农业机械研发、制造

9. 高原葡萄育种、种植、生产及葡萄酒酿制

10. 啤酒制造产业

11. 有色金属精深加工

12. 水果、坚果、含油果、香料和饮料作物种植和深加工

13. 日处理甘蔗3000吨及以上的蔗糖精深加工及废糖蜜、蔗渣、蔗叶、滤泥、酒精废液等副产品综合利用

14. 营养食品、保健食品开发和生产

15. 特色食用资源开发及应用

16. 符合生态与环保要求的亚麻加工、开发及副产品综合利用

17. 利用木薯、麻风树、橡胶籽等非粮植物为原料的生物液体

燃料(燃料乙醇、生物柴油)生产

18. 棉、毛、麻、丝、化纤的高档纺织、针织及服装加工生产和相关产品的研发、检测

19. 鞋帽、玩具、假发、箱包、皮具开发生产

20. 动植物药材资源开发、保护和可持续利用

21. 以境外木、藤为原料的高端家具生产

22. 体育用品及相关产品的研发制造

23. 包装装潢及其他印刷

24. 民族特需品、特色工艺品及包装容器材生产

25. 生物医药技术开发、生产

26. 天然药、原料药、中成药的深加工,中医药加工及生物成分萃取,特色原料药和中间体、海外汉方药、化学仿制药生产(不含涉密处方)

27. 特殊品种(超白、超薄、在线 Low-E、中空、超厚)优质浮法玻璃技术开发和深加工

28. 绿色铝、绿色硅、绿色钛的生产、精深加工及其应用

29. 有特色优势的特种工程机械、数控机床、节能环保装备开发、生产

30. 生物质能发电设备制造

31. 太阳能、风能发电设备及零部件制造

32. 绿色农业节能环保智能化农机装备(农产品清洗、分级分选、干燥、包装等农机装备)研发、制造

33. 高效植保、产地烘干、精深加工、秸秆处理等环节与耕种收环节机械化集成配套研发、制造

34. 汽车整车制造,专用汽车(不包括普通半挂车、自卸车、罐式车、厢式车和仓栅式汽车)制造(须执行《汽车产业投资管理规定》)

35. 石灰石矿山固体废弃物综合治理

36. 第四代、第五代及后续移动通信系统电信设备、智能终端、

零部件的生产制造和相关软硬件的技术研发、技术服务

37. 新型数据中心相关软硬件系统、设备、零部件的生产制造、技术研发和技术服务

38. 物联网相关软硬件系统、设备、零部件的生产制造、技术研发和技术服务

39. 跨境物流和冷链物流

40. 宽带业务和增值电信业务（限于中国入世承诺开放的电信业务）

41. 商业连锁经营、跨区域代理经营等新型流通业

42. 储能技术研发与生产应用（含抽水蓄能、电化学储能、压缩空气储能、飞轮储能、氢储能、热储能等）

43. 观光农业、休闲农业的开发和经营及其配套设施建设

44. 艺术表演培训、中介服务，生态旅游资源开发

45. 旅游景区（点）保护、开发和经营及其配套设施建设

46. 文化演出场所建设、演出经纪机构

47. 健康医疗旅游开发

西藏自治区

1. 高原特色农畜产品（青稞、牛、羊等）种植、养殖及生产加工

2. 牧草饲料作物种植及深加工

3. 退耕还林还草、天然林保护等国家重点生态工程后续产业开发

4. 节水灌溉和旱作节水技术开发与应用

5. 盐湖资源的开发利用

6. 饮用天然矿泉水生产

7. 牛羊绒、皮革产品深加工及藏毯生产

8. 花卉与苗圃基地的建设经营

9. 林下资源的培植技术研发和林下产品深加工

10. 青稞、牧草等农作物新技术的开发利用

11. 高原特色食品资源开发利用及生产加工

12. 天然药、原料药、中成药的深加工(不含涉密处方)

13. 藏药新品种、新剂型产品生产

14. 少数民族特需用品、工艺美术品、包装容器材料、日用玻璃制品及特色旅游商品纪念品生产

15. 环保设备制造及解决方案应用

16. 太阳能、地能、风能发电设备及零部件制造

17. 新型医疗器械设备及医用材料生产加工

18. 矿区生态系统修复与重建工程

19. 宽带业务和增值电信业务(限于中国入世承诺开放的电信业务)

20. 公路旅客运输公司

21. 商业网点建设、仓储物流基础设施建设、商业连锁经营、跨区域代理经营等流通业

22. 储能技术研发与生产应用(含抽水蓄能、电化学储能、压缩空气储能、飞轮储能、氢储能、热储能等)

23. 城市燃气、热力和供排水管网建设、经营

24. 观光农业、休闲农业的开发和经营及配套设施建设

25. 旅游景区(点)保护、开发和经营及其配套设施建设

26. 温泉资源开发及温泉度假村建设

陕西省

1. 农作物新品种选育和种子生产

2. 小杂粮、马铃薯、红薯、辣椒、苦荞、山药、核桃种植及产品开发、生产及深加工

3. 富硒特色农产品开发(不含粮食作物)

4. 中药材生产质量管理规范(GAP)生产基地建设

5. 退耕还林还草、天然林保护、水源地保护等国家重点生态工程后续产业开发

6. 节水灌溉和旱作节水技术、保护性耕作技术和设施农业技术开发与应用

7. 棉、毛、麻、丝、化纤的高档纺织、针织及服装加工生产和相关产品的研发、检测

8. 动植物药材资源开发、保护和可持续利用

9. 煤炭分制利用：煤制甲醇—烯烃及下游煤制芳烃—乙二醇聚酯生产

10. 煤炭液化制油品及化学品生产

11. 天然气下游化工产品的生产与开发（列入《天然气利用政策》限制类和禁止类的除外）

12. 生物医药技术开发生产

13. 特殊品种（超白、超薄、在线 Low-E、中空、超厚）优质浮法玻璃技术开发和深加工

14. 钒合金制品生产加工

15. 铝、镁、钛金属精深加工

16. 动物专用抗菌原料药（包括抗生素、化学合成类）、动物疫苗生产

17. 五轴以上联动的高速、精密数控机床及配套数控系统、伺服电机及驱动装置、功能部件、刀具、量具、量仪及高档磨具磨料生产

18. 新型医疗器械设备及医用材料生产加工

19. 防疫、防护产品及其生产设备的研发、生产

20. 配电开关控制设备制造

21. 高炉煤气能量回收透平装置设计制造

22. 汽车整车制造，专用汽车（不包括普通半挂车、自卸车、罐式车、厢式车和仓栅式汽车）制造（须执行《汽车产业投资管理规定》）

23. 汽车零部件制造：商用车用符合第六阶段及以上排放标准的中重型发动机、高功率密度驱动桥、随动前照灯系统、LED 前照灯、离合器、液压减震器、中控盘总成、座椅、轻量化材料应用

24. 高压输变电及控制设备的研发

25. 集成电路及生产设备研发生产

26. 智能手机、平板电脑等智能终端产品及关键零部件的技术开发、生产

27. 柔性显示屏、显示屏材料生产

28. 接触显示和通讯终端产品及零部件的研发、生产

29. 商业连锁经营、跨区域代理经营等新型流通业

30. 宽带业务和增值电信业务(限于中国入世承诺开放的电信业务)

31. 公路旅客运输公司

32. 会议、展览策划筹备及相关服务

33. 高等教育机构

34. 动漫创作、制作及衍生品开发

35. 城市燃气、热力和供排水管网建设、经营

36. 体育赛事(不含电子竞技)运营及体育健身休闲服务

37. 观光农业、休闲农业的开发和经营及其配套设施建设

38. 养生休闲服务、休闲旅游等休闲产业

39. 旅行社

40. 旅游景区(点)保护、开发和经营及其配套设施建设

41. 资源枯竭型城市资源精深加工和接续产业等项目

甘肃省

1. 节水灌溉和旱作节水技术、保护性耕作技术开发与应用

2. 瓜果、蔬菜、花卉种子的开发、生产

3. 现代丝路寒旱农业优势特色农畜产品规模化标准化种植、养殖及深加工

4. 利用境外资源的木材加工

5. 特色中药材的种植、养殖及加工,中药材生产质量管理规范(GAP)生产基地建设

6. 天然气下游化工产品生产和开发(列入《天然气利用政策》限制类和禁止类的除外)

7. 石油及化学产业的延伸加工

8. 化工原料废气、废液、废渣的综合利用

9. 防疫、防护产品及其生产设备的研发、生产

10. 生物医药及医药中间体、生物制剂的研发、生产

11. 医疗设备及关键部件开发、生产

12. 石墨烯、碳纤维(复合材料)等碳系材料的生产设备(气象沉淀、碳化烧结等)的研发、制造,石墨烯、碳纤维(含复合材料)等碳系材料的研发生产及终端产品制造

13. 铝、铜、镍等有色金属精深加工

14. 高新技术有色金属材料及其产品生产:锂电池电极用铝箔,电解铜箔、高性能铜镍

15. 钛合金加工

16. 高密度、高精度、形状复杂的粉末冶金零件及汽车、工程机械等链条的制造

17. 石油钻采、炼化设备等高端装备制造

18. 汽车整车制造,专用汽车(不包括普通半挂车、自卸车、罐式车、厢式车和仓栅式汽车)制造(须执行《汽车产业投资管理规定》)

19. 不锈钢制品生产

20. 高性能铝合金系列产品开发

21. 新型短流程钢铁冶炼技术开发及应用

22. 锂离子电池开发、生产

23. 集成电路研发、封装、测试

24. 数控机床、金属切削机床的生产及研发

25. 自润滑轴承、各类机械轴承及零部件制造

26. 高中低压输配电气设备生产

27. 汽车零部件制造:六档以上自动变速箱、商用车用高功率密度驱动桥、随动前照灯系统、LED 前照灯、轻量化材料应用(高强钢、铝镁合金、复合塑料、粉末冶金、高强度复合纤维等)、离合器、

液压减震器、中控盘总成、座椅

28. 太阳能、风能发电及设备制造业

29. 商业连锁经营、跨区域代理经营等新型流通业

30. 动漫创作、制作及衍生品开发

31. 城市燃气、热力和供排水管网建设、经营

32. 体育场馆设施建设、体育赛事(不含电子竞技)运营及体育健身休闲服务

33. 养生休闲服务、休闲旅游等休闲产业

34. 旅游景区(点)保护、开发和经营及其配套设施建设

青海省

1. 高原动植物资源保护、种养与加工利用

2. 枸杞、青稞等种植及深加工

3. 饲料加工

4. 退耕还林还草、退牧还草、天然林保护、水土保持及水生态综合治理等国家重点生态工程后续产业开发

5. 节水灌溉和旱作节水技术、保护性耕作技术、设施农业技术、光伏农业技术开发与应用

6. 有机天然农畜产品基地建设和产品精深加工

7. 特色手工艺品、工艺美术品、旅游纪念品设计生产

8. 长寿节能环保耐火材料生产

9. 石英、石膏等优势非金属矿产品及深加工制品(勘探、开采除外)

10. 铜、铝、镁等有色金属精深加工

11. 钛金属精深加工

12. 镍金属精深加工

13. 铝基、镁基、钛基、锂基及镍基等新型金属合金材料的研发及生产

14. 中、藏药新品种、新剂型产品生产

15. 特殊品种(超白、超薄、在线 Low-E、中空、超厚)优质浮法

玻璃技术开发和深加工

16. 聚甲醛、聚苯硫醚等工程塑料生产

17. 烯烃下游精深加工产品

18. 工业尾矿及工业生产废弃物及低品位、复杂、难处理矿的资源化利用

19. 汽车整车制造，专用汽车（不包括普通半挂车、自卸车、罐式车、厢式车和仓栅式汽车）制造（须执行《汽车产业投资管理规定》）

20. 半导体照明材料上下游产品及相关设备的研发、制造

21. 太阳能、风能发电设备及零部件制造

22. 光伏发电系统集成技术开发与应用

23. 锂电产品生产及专用设备研发、制造

24. 宽带业务和增值电信业务（限于中国入世承诺开放的电信业务）

25. 公路旅客运输公司

26. 水利工程的建设和运营

27. 城市及农村燃气、热力和供排水管网建设、经营

28. 商业连锁经营、跨区域代理经营等新型流通业

29. 体育场馆设施建设、体育赛事（不含电子竞技）运营及体育健身休闲服务

30. 生态旅游资源保护性开发和经营及其配套设施建设

宁夏自治区

1. 马铃薯种子生产

2. 瓜果、蔬菜、花卉种子的选育生产

3. 退耕还林还草、退牧还草、天然林保护等国家重点生态工程后续产业开发

4. 节水灌溉和旱作节水技术、保护性耕作技术开发与应用

5. 枸杞、葡萄、马铃薯、小杂粮等种植及深加工

6. 沙生中药材、沙区生态经济林、沙区瓜果、沙区设施农业、沙

料建材、沙区新能源和沙漠旅游休闲等沙产业

7. 饲料加工

8. 牛乳蛋白、干酪素等高端乳制品深加工

9. 棉、毛、麻、丝、化纤的高档纺织、针织及服装加工生产和相关产品的研发、检测

10. 旅游工艺品创意设计及生产

11. 高性能硅油、硅橡胶、树脂,高品质氟树脂,高性能氟橡胶,含氟精细化学品和高品质含氟无机盐等开发、生产

12. 碳基材料、碳纤维开发、生产

13. 氨纶纤维制造

14. 钽、铌等稀有金属材料的精深加工

15. 铝合金、镁合金、硅、锰合金等新材料的研发及生产

16. 绿色电极糊、冷捣糊的开发及生产

17. 电池及电子专用材料制造

18. 液晶显示材料及有机电致发光显示材料制造

19. 高性能子午线轮胎的生产:全钢子午轮胎、无内胎载重子午胎,低断面和扁平化(低于 55 系列)、大轮辋高性能轿车子午胎(15 吋以上),航空轮胎及农用子午胎

20. 汽车整车制造,专用汽车(不包括普通半挂车、自卸车、罐式车、厢式车和仓栅式汽车)制造(须执行《汽车产业投资管理规定》)

21. 三轴以上联动的高速、精密数控机床及配套数控系统、伺服电机及驱动装置、功能部件、刀具、量具、量仪及高档磨具磨料生产

22. 500 万吨/年及以上矿井、薄煤层综合采掘设备,1000 万吨级/年及以上大型露天矿关键装备

23. 枸杞智能采摘机械研发生产

24. 太阳能发电系统、风力发电场建设及运营

25. 特殊环境自动控制、智能化仪器、仪表、阀门技术开发

26. 宽带业务和增值电信业务(限于中国入世承诺开放的电信业务)

27. 公路旅客运输公司

28. 国际货物多式联运、公铁海多式联运、国际道路货物运输,国际物流供应链管理

29. 高等教育机构

30. 旅行社

31. 城市燃气、热力和供排水管网建设、经营

32. 养生休闲服务、旅游休闲度假等休闲产业

33. 旅游景区(点)保护、开发和经营及其配套设施建设

新疆自治区(含新疆生产建设兵团)

1. 肉牛、肉羊现代化标准化养殖

2. 休闲农业的开发和经营及配套设施建设

3. 退耕还林还草、退牧还草、天然林保护等国家重点生态工程后续产业开发

4. 节水灌溉和旱作节水技术、保护性耕作技术、设施农业、有机农业的开发与应用

5. 优质番茄、甜菜、香梨、葡萄、西甜瓜、红枣、核桃、杏子、石榴、辣椒和枸杞等优质特色农产品的种植及深加工

6. 葡萄副产物(葡萄叶子、葡萄籽等)加工

7. 优质酿酒葡萄基地(葡萄原酒、葡萄蒸馏酒供应基地)建设及葡萄酒(干葡萄酒、冰葡萄酒、传统慕萨莱思葡萄酒)生产

8. 高档营养配方、优质工业乳粉、奶酪、酪蛋白、奶油、炼乳、酸奶等固态、半固态乳制品生产

9. 饲料加工

10. 亚麻、沙棘、薰衣草、玫瑰花的种植及其制品生产

11. 纺织服装产业零配件和辅件制造

12. 棉、毛、麻、丝、化纤的高档纺织、针织及服装加工生产和相关产品的研发、检测

13. 鞋帽、玩具、假发、箱包、皮具开发生产

14. 大理石、东陵玉、蛭石、云母、石棉、菱镁矿、石灰石、红柱石、石材等非金属矿产的综合利用(勘探、开发除外)

15. 石墨的高端应用和精深加工

16. 煤炭加工应用技术开发

17. 油气伴生资源综合利用

18. 放空天然气回收利用

19. 特色药用植物种植、加工和制药新工艺开发

20. 民族特需用品、工艺美术品、包装容器材料、日用玻璃制品及手工地毯、玉雕、民族刺绣等特色手工艺品、旅游纪念品生产

21. 新型医疗器械设备及医用材料生产加工

22. 特殊品种(超白、超薄、在线 Low-E、中空、超厚)优质浮法玻璃技术开发和深加工

23. 铝基、硅基及高分子膜新材料的研发及生产

24. 铜、锌、铝等有色金属精深加工

25. 农副产品加工设备制造

26. 智能化现代农业装备及配套农机具的生产

27. 专业剪毛机械设备的制造,包括:软轴式剪毛机,硬轴剪毛机,电动剪毛机及配套剪毛刀片、零部件

28. 电子元器件、手机、智能穿戴、计算机外围设备等电子产品组装

29. 环保设备制造及其解决方案应用

30. 汽车整车制造,专用汽车(不包括普通半挂车、自卸车、罐式车、厢式车和仓栅式汽车)制造(须执行《汽车产业投资管理规定》)

31. 杂粮加工专用设备开发、生产

32. 太阳能、风能发电设备及零部件制造

33. 石油及采矿等特种设备制造

34. 智能电网设备、电气成套控制系统设备制造

35. 小型清雪设备制造

36. 钢铁冶金固体废弃物综合利用、脱硫石膏、煤粉灰、电石渣综合利用及制品、污水净化处理成套设备制造

37. 化工原料废气、废液、废渣的综合利用

38. 宽带业务和增值电信业务（限于中国入世承诺开放的电信业务）

39. 公路旅客运输公司

40. 商业连锁经营、跨区域代理经营等新型流通业

41. 机械设备经营租赁

42. 城市燃气、热力和供排水管网建设、经营

43. 旅行社

44. 健康医疗旅游开发

45. 旅游景区（点）保护、开发和经营及其配套设施建设

46. 冰雪运动和旅游用品生产

47. 沙漠旅游、沙漠康养、沙区生态农业、沙料建材等沙漠经济产业

商标代理监督管理规定

（2022年10月27日国家市场监督管理总局令第63号公布　自2022年12月1日起施行　国司备字［2022007247］）

第一章　总　　则

第一条　为了规范商标代理行为，提升商标代理服务质量，维护商标代理市场的正常秩序，促进商标代理行业健康发展，根据《中华人民共和国商标法》（以下简称商标法）、《中华人民共和国商标法实施条例》（以下简称商标法实施条例）以及其他有关法律法规，制定本规定。

第二条 商标代理机构接受委托人的委托，可以以委托人的名义在代理权限范围内依法办理以下事宜：

（一）商标注册申请；

（二）商标变更、续展、转让、注销；

（三）商标异议；

（四）商标撤销、无效宣告；

（五）商标复审、商标纠纷的处理；

（六）其他商标事宜。

本规定所称商标代理机构，包括经市场主体登记机关依法登记从事商标代理业务的服务机构和从事商标代理业务的律师事务所。

第三条 商标代理机构和商标代理从业人员应当遵守法律法规和国家有关规定，遵循诚实信用原则，恪守职业道德，规范从业行为，提升商标代理服务质量，维护委托人的合法权益和商标代理市场正常秩序。

本规定所称商标代理从业人员包括商标代理机构的负责人，以及受商标代理机构指派承办商标代理业务的本机构工作人员。

商标代理从业人员应当遵纪守法，有良好的信用状况，品行良好，熟悉商标法律法规，具备依法从事商标代理业务的能力。

第四条 商标代理行业组织是商标代理行业的自律性组织。

商标代理行业组织应当严格行业自律，依照章程规定，制定行业自律规范和惩戒规则，加强业务培训和职业道德、职业纪律教育，组织引导商标代理机构和商标代理从业人员依法规范从事代理业务，不断提高行业服务水平。

知识产权管理部门依法加强对商标代理行业组织的监督和指导，支持商标代理行业组织加强行业自律和规范。

鼓励商标代理机构、商标代理从业人员依法参加商标代理行业组织。

第二章　商标代理机构备案

第五条　商标代理机构从事国家知识产权局主管的商标事宜代理业务的,应当依法及时向国家知识产权局备案。

商标代理机构备案的有效期为三年。有效期届满需要继续从事代理业务的,商标代理机构可以在有效期届满前六个月内办理延续备案。每次延续备案的有效期为三年,自原备案有效期满次日起计算。

第六条　商标代理机构的备案信息包括:

(一)营业执照或者律师事务所执业许可证;

(二)商标代理机构的名称、住所、联系方式、统一社会信用代码,负责人、非上市公司的股东、合伙人姓名;

(三)商标代理从业人员姓名、身份证件号码、联系方式;

(四)法律法规以及国家知识产权局规定应当提供的其他信息。

国家知识产权局能够通过政务信息共享平台获取的相关信息,不得要求商标代理机构重复提供。

第七条　商标代理机构备案信息发生变化的,应当自实际发生变化或者有关主管部门登记、批准之日起三十日内向国家知识产权局办理变更备案,并提交相应材料。

第八条　商标代理机构申请市场主体注销登记,备案有效期届满未办理延续或者自行决定不再从事商标代理业务,被撤销或者被吊销营业执照、律师事务所执业许可证,或者国家知识产权局决定永久停止受理其办理商标代理业务的,应当在妥善处理未办结的商标代理业务后,向国家知识产权局办理注销备案。

商标代理机构存在前款规定情形的,国家知识产权局应当在商标网上服务系统、商标代理系统中进行标注,并不再受理其提交的商标代理业务申请,但处理未办结商标代理业务的除外。

商标代理机构应当在申请市场主体注销登记或者自行决定不再从事商标代理业务前，或者自接到撤销、吊销决定书、永久停止受理其办理商标代理业务决定之日起三十日内，按照法律法规规定和合同约定妥善处理未办结的商标代理业务，通知委托人办理商标代理变更，或者经委托人同意与其他已经备案的商标代理机构签订业务移转协议。

第九条 商标代理机构提交的备案、变更备案、延续备案或者注销备案材料符合规定的，国家知识产权局应当及时予以办理，通知商标代理机构并依法向社会公示。

第三章 商标代理行为规范

第十条 商标代理机构从事商标代理业务不得采取欺诈、诱骗等不正当手段，不得损害国家利益、社会公共利益和他人合法权益。

商标代理机构不得以其法定代表人、股东、合伙人、实际控制人、高级管理人员、员工等的名义变相申请注册或者受让其代理服务以外的其他商标，也不得通过另行设立市场主体或者通过与其存在关联关系的市场主体等其他方式变相从事上述行为。

第十一条 商标代理机构应当积极履行管理职责，规范本机构商标代理从业人员职业行为，建立健全质量管理、利益冲突审查、恶意申请筛查、投诉处理、保密管理、人员管理、财务管理、档案管理等管理制度，对本机构商标代理从业人员遵守法律法规、行业规范等情况进行监督，发现问题及时予以纠正。

商标代理机构应当加强对本机构商标代理从业人员的职业道德和职业纪律教育，组织开展业务学习，为其参加业务培训和继续教育提供条件。

第十二条 商标代理机构应当在其住所或者经营场所醒目位置悬挂营业执照或者律师事务所执业许可证。

商标代理机构通过网络从事商标代理业务的，应当在其网站首页或者从事经营活动的主页面显著位置持续公示机构名称、经营场所、经营范围等营业执照或者律师事务所执业许可证记载的信息，以及其他商标代理业务备案信息等。

第十三条 商标代理机构从事商标代理业务，应当与委托人以书面形式签订商标代理委托合同，依法约定双方的权利义务以及其他事项。商标代理委托合同不得违反法律法规以及国家有关规定。

第十四条 商标代理机构接受委托办理商标代理业务，应当进行利益冲突审查，不得在同一案件中接受有利益冲突的双方当事人委托。

第十五条 商标代理机构应当按照委托人的要求依法办理商标注册申请或者其他商标事宜；在代理过程中应当遵守关于商业秘密和个人信息保护的有关规定。

委托人申请注册的商标可能存在商标法规定不得注册情形的，商标代理机构应当以书面通知等方式明确告知委托人。

商标代理机构知道或者应当知道委托人申请注册的商标属于商标法第四条、第十五条和第三十二条规定情形的，不得接受其委托。

商标代理机构应当严格履行代理职责，依据商标法第二十七条，对委托人所申报的事项和提供的商标注册申请或者办理其他商标事宜的材料进行核对，及时向委托人通报委托事项办理进展情况、送交法律文书和材料，无正当理由不得拖延。

第十六条 商标代理从业人员应当根据商标代理机构的指派承办商标代理业务，不得以个人名义自行接受委托。

商标代理从业人员不得同时在两个以上商标代理机构从事商标代理业务。

第十七条 商标代理机构向国家知识产权局提交的有关文件，应当加盖本代理机构公章并由相关商标代理从业人员签字。

商标代理机构和商标代理从业人员对其盖章和签字办理的商标代理业务负责。

第十八条 商标代理机构应当对所承办业务的案卷和有关材料及时立卷归档，妥善保管。

商标代理机构的记录应当真实、准确、完整。

第十九条 商标代理机构收费应当遵守相关法律法规，遵循自愿、公平、合理和诚实信用原则，兼顾经济效益和社会效益。

第四章 商标代理监管

第二十条 知识产权管理部门建立商标代理机构和商标代理从业人员信用档案。

国家知识产权局对信用档案信息进行归集整理，开展商标代理行业分级分类评价。地方知识产权管理部门、市场监督管理部门、商标代理行业组织应当协助做好信用档案信息的归集整理工作。

第二十一条 以下信息应当记入商标代理机构和商标代理从业人员信用档案：

（一）商标代理机构和商标代理从业人员受到行政处罚的信息；

（二）商标代理机构接受监督检查的信息；

（三）商标代理机构和商标代理从业人员加入商标代理行业组织信息，受到商标代理行业组织惩戒的信息；

（四）商标代理机构被列入经营异常名录或者严重违法失信名单的信息；

（五）其他可以反映商标代理机构信用状况的信息。

第二十二条 商标代理机构应当按照国家有关规定报送年度报告。

第二十三条 商标代理机构故意侵犯知识产权，提交恶意商标注册申请，损害社会公共利益，从事严重违法商标代理行为，性质恶劣、情节严重、社会危害较大，受到较重行政处罚的，按照《市场监督管理严重违法失信名单管理办法》等有关规定列入严重违法失信名单。

第二十四条 知识产权管理部门依法对商标代理机构和商标代理从业人员代理行为进行监督检查，可以依法查阅、复制有关材料，询问当事人或者其他与案件有关的单位和个人，要求当事人或者有关人员在一定期限内如实提供有关材料，以及采取其他合法必要合理的措施。商标代理机构和商标代理从业人员应当予以协助配合。

第二十五条 知识产权管理部门应当引导商标代理机构合法从事商标代理业务，提升服务质量。

对存在商标代理违法违规行为的商标代理机构或者商标代理从业人员，知识产权管理部门可以依职责对其进行约谈、提出意见，督促其及时整改。

第二十六条 知识产权管理部门负责商标代理等信息的发布和公示工作，健全与市场监督管理部门之间的信息共享、查处情况通报、业务指导等协同配合机制。

第五章　商标代理违法行为的处理

第二十七条 有下列情形之一的，属于商标法第六十八条第一款第一项规定的办理商标事宜过程中，伪造、变造或者使用伪造、变造的法律文件、印章、签名的行为：

（一）伪造、变造国家机关公文、印章的；

（二）伪造、变造国家机关之外其他单位的法律文件、印章的；

（三）伪造、变造签名的；

（四）知道或者应当知道属于伪造、变造的公文、法律文件、印章、签名，仍然使用的；

（五）其他伪造、变造或者使用伪造、变造的法律文件、印章、签名的情形。

第二十八条 有下列情形之一的，属于以诋毁其他商标代理机构等手段招徕商标代理业务的行为：

（一）编造、传播虚假信息或者误导性信息，损害其他商标代理机构商业声誉的；

（二）教唆、帮助他人编造、传播虚假信息或者误导性信息，损害其他商标代理机构商业声誉的；

（三）其他以诋毁其他商标代理机构等手段招徕商标代理业务的情形。

第二十九条 有下列情形之一的，属于商标法第六十八条第一款第二项规定的以其他不正当手段扰乱商标代理市场秩序的行为：

（一）知道或者应当知道委托人以欺骗手段或者其他不正当手段申请注册，或者利用突发事件、公众人物、舆论热点等信息，恶意申请注册有害于社会主义道德风尚或者有其他不良影响的商标，仍接受委托的；

（二）向从事商标注册和管理工作的人员进行贿赂或者利益输送，或者违反规定获取尚未公开的商标注册相关信息、请托转递涉案材料等，牟取不正当利益的；

（三）违反法律法规和国家有关从业限制的规定，聘用曾从事商标注册和管理工作的人员，经知识产权管理部门告知后，拖延或者拒绝纠正其聘用行为的；

（四）代理不同的委托人申请注册相同或者类似商品或者服务上的相同商标的，申请时在先商标已经无效的除外；

（五）知道或者应当知道转让商标属于恶意申请的注册商标，仍帮助恶意注册人办理转让的；

（六）假冒国家机关官方网站、邮箱、电话等或者以国家机关工作人员的名义提供虚假信息误导公众，或者向委托人提供商标业务相关材料或者收取费用牟取不正当利益的；

（七）知道或者应当知道委托人滥用商标权仍接受委托，或者指使商标权利人滥用商标权牟取不正当利益的；

（八）知道或者应当知道委托人使用的是伪造、变造、编造的虚假商标材料，仍帮助委托人提交，或者与委托人恶意串通制作、提交虚假商标申请等材料的；

（九）虚构事实向主管部门举报其他商标代理机构的；

（十）为排挤竞争对手，以低于成本的价格提供服务的；

（十一）其他以不正当手段扰乱商标代理市场秩序的情形。

第三十条 有下列情形之一的，属于商标法第十九条第三款、第四款规定的行为：

（一）曾经代理委托人申请注册商标或者办理异议、无效宣告以及复审事宜，委托人商标因违反商标法第四条、第十五条或者第三十二条规定，被国家知识产权局生效的决定或者裁定驳回申请、不予核准注册或者宣告无效，仍代理其在同一种或者类似商品上再次提交相同或者近似商标注册申请的；

（二）曾经代理委托人办理其他商标业务，知悉委托人商标存在违反商标法第四条、第十五条或者第三十二条规定的情形，仍接受委托的；

（三）违反本规定第十条第二款规定的；

（四）其他属于商标法第十九条第三款、第四款规定的情形。

第三十一条 有下列情形之一的，属于以欺诈、虚假宣传、引人误解或者商业贿赂等方式招徕业务的行为：

（一）与他人恶意串通或者虚构事实，诱骗委托人委托其办理商标事宜的；

（二）以承诺结果、夸大自身代理业务成功率等形式误导委托人的；

（三）伪造或者变造荣誉、资质资格，欺骗、误导公众的；

（四）以盗窃、贿赂、欺诈、胁迫或者其他不正当手段获取商标信息，或者披露、使用、允许他人使用以前述手段获取的商标信息，以谋取交易机会的；

（五）明示或者暗示可以通过非正常方式加速办理商标事宜，或者提高办理商标事宜成功率，误导委托人的；

（六）以给予财物或者其他手段贿赂单位或者个人，以谋取交易机会的；

（七）其他以不正当手段招徕商标代理业务的情形。

第三十二条 有下列情形之一的，属于商标法实施条例第八十八条第三项规定的在同一商标案件中接受有利益冲突的双方当事人委托的行为：

（一）在商标异议、撤销、宣告无效案件或者复审、诉讼程序中接受双方当事人委托的；

（二）曾代理委托人申请商标注册，又代理其他人对同一商标提出商标异议、撤销、宣告无效申请的；

（三）其他在同一案件中接受有利益冲突的双方当事人委托的情形。

第三十三条 商标代理机构通过网络从事商标代理业务，有下列行为之一的，《中华人民共和国反垄断法》《中华人民共和国反不正当竞争法》《中华人民共和国价格法》《中华人民共和国广告法》等法律法规有规定的，从其规定；没有规定的，由市场监督管理部门给予警告，可以处五万元以下罚款；情节严重的，处五万元以上十万元以下罚款：

（一）利用其客户资源、平台数据以及其他经营者对其在商标代理服务上的依赖程度等因素，恶意排挤竞争对手的；

（二）通过编造用户评价、伪造业务量等方式进行虚假或者引人误解的商业宣传，欺骗、误导委托人的；

（三）通过电子侵入、擅自外挂插件等方式，影响商标网上服务系统、商标代理系统等正常运行的；

（四）通过网络展示具有重大不良影响商标的；

（五）其他通过网络实施的违法商标代理行为。

第三十四条　市场监督管理部门依据商标法第六十八条规定对商标代理机构的违法行为进行查处后，依照有关规定将查处情况通报国家知识产权局。国家知识产权局收到通报，或者发现商标代理机构存在商标法第六十八条第一款行为，情节严重的，可以依法作出停止受理其办理商标代理业务六个月以上直至永久停止受理的决定，并予公告。

因商标代理违法行为，两年内受到三次以上行政处罚的，属于前款规定情节严重的情形。

商标代理机构被停止受理商标代理业务的，在停止受理业务期间，或者未按照本规定第八条第三款规定妥善处理未办结商标代理业务的，该商标代理机构负责人、直接责任人员以及负有管理责任的股东、合伙人不得在商标代理机构新任负责人、股东、合伙人。

第三十五条　国家知识产权局作出的停止受理商标代理机构办理商标代理业务决定有期限的，期限届满并且已改正违法行为的，恢复受理该商标代理机构业务，并予公告。

第三十六条　从事商标代理业务的商标代理机构，未依法办理备案、变更备案、延续备案或者注销备案，未妥善处理未办结的商标代理业务，或者违反本规定第十五条第四款规定，损害委托人利益或者扰乱商标代理市场秩序的，由国家知识产权局予以通报，并记入商标代理机构信用档案。

商标代理机构有前款所述情形的，由市场监督管理部门责令限期改正；期满不改正的，给予警告，情节严重的，处十万元以下罚款。

第三十七条　知识产权管理部门应当健全内部监督制度，对从事商标注册和管理工作的人员执行法律法规和遵守纪律的情况加强监督检查。

从事商标注册和管理工作的人员必须秉公执法，廉洁自律，忠于职守，文明服务，不得从事商标代理业务或者违反规定从事、参与营利性活动。从事商标注册和管理工作的人员离职后的从业限制，依照或者参照《中华人民共和国公务员法》等法律法规和国家有关规定执行。

第三十八条 从事商标注册和管理工作的人员玩忽职守、滥用职权、徇私舞弊，违法办理商标注册事项和其他商标事宜，收受商标代理机构或者商标代理从业人员财物，牟取不正当利益的，应当依法进行处理；构成犯罪的，依法追究刑事责任。

第三十九条 知识产权管理部门对违法违纪行为涉及的商标，应当依据商标法以及相关法律法规严格审查和监督管理，并及时处理。

第四十条 法律法规对商标代理机构经营活动违法行为的处理另有规定的，从其规定。

第四十一条 律师事务所和律师从事商标代理业务除遵守法律法规和本规定外，还应当遵守国家其他有关规定。

第四十二条 除本规定第二条规定的商标代理机构外，其他机构或者个人违反本规定从事商标代理业务或者与商标代理业务有关的其他活动，参照本规定处理。

第四十三条 本规定自 2022 年 12 月 1 日起施行。

气象行政处罚办法

（2022 年 11 月 14 日中国气象局第 42 号令公布　自 2023 年 1 月 1 日起施行　国司备字[2022007275]）

第一章　总　　则

第一条 为了规范气象行政处罚行为，保障和监督气象主管机构有效地实施行政管理，维护气象工作秩序，保护公民、法人或者其他组织的合法权益，根据《中华人民共和国行政处罚法》《中华人民共和国气象法》和有关法律、法规的规定，制定本办法。

第二条 实施气象行政处罚，适用本办法。

第三条 各级气象主管机构实施行政处罚，应当以法律、法规和规章为依据，并依照法定的程序实施。

各级气象主管机构应当加强对行政执法人员的管理和培训，提高行政执法水平。

第四条 国务院气象主管机构负责指导、监督和管理全国的气象行政处罚工作。

地方各级气象主管机构在上一级气象主管机构和本级人民政府的领导下，指导、监督和管理本行政区域内的气象行政处罚工作。

第五条 实施气象行政处罚必须遵循公正、公开的原则，坚持处罚与教育相结合。

第六条 各级气象主管机构对气象违法行为查证属实后，应当责令当事人停止违法行为，改正、限期拆除、恢复原状或者采取其他补救措施，并依法给予行政处罚。

第七条 对当事人同一个气象违法行为，不得给予两次以上罚款的行政处罚。同一个违法行为违反多个法律规范应当给予罚款处罚的，按照罚款数额高的规定处罚。

第二章 行政处罚的实施主体与管辖

第八条 各级气象主管机构在法定职权范围内实施气象行政处罚。

第九条 气象主管机构在必要时，可以在其法定职权范围内，以书面形式委托符合《中华人民共和国行政处罚法》第二十一条规定条件的组织实施气象行政处罚。受委托的组织在委托范围内，以委托其处罚的气象主管机构名义实施行政处罚。

委托的气象主管机构，负责监督受委托的组织实施行政处罚的行为，并对该行为的后果承担法律责任。

第十条 气象行政处罚一般由违法行为发生地的县级以上气象主管机构管辖。下列气象行政处罚案件，由本条规定的气象主管机构管辖：

（一）对外国组织或者个人在中华人民共和国领域及其管辖的其他海域单独或者与中华人民共和国有关组织、个人合作违法从事气象活动行为的行政处罚，由该违法行为发生地的设区的市级以上气象主管机构管辖。

（二）对利用广播、电视、报纸、互联网、移动客户端等大众传播媒介违法发布、传播气象信息行为的行政处罚，由违法发布、传播信息者所在地或者危害结果发生地的县级以上气象主管机构管辖。

第十一条 两个以上气象主管机构都有管辖权的，由最先立案的气象主管机构管辖。

对气象行政处罚案件的管辖权发生争议时，应当协商解决；协商不成的，应当报请共同的上一级气象主管机构指定管辖。

下级气象主管机构对其管辖范围内的行政处罚案件实施处罚有困难的，可以报请上级气象主管机构指定管辖。

第十二条 对超出管辖范围，法律、法规规定不属于气象主管机构管辖或者涉嫌犯罪的案件，应当及时将案件移送有管辖权的机关，并按照规定填写案件移送书。

第十三条 气象主管机构在对气象违法行为实施处罚时，应当在法定的处罚种类和幅度范围内，综合考虑以下情节：

（一）当事人的过错程度；

（二）违法行为造成的危害后果；

（三）当事人改正违法行为的态度和采取的改正措施；

（四）其他依法应当考虑的情节。

国务院气象主管机构依法制定气象行政处罚裁量基准制度，

规范行使行政处罚裁量权。

第三章　行政处罚的程序

第一节　一般规定

第十四条　气象主管机构应当将行政处罚的立案依据、实施程序和救济渠道等信息予以公示。

第十五条　气象主管机构应当依法以文字、音像等形式，对行政处罚的启动、调查取证、审核、决定、送达、执行等进行全过程记录，归档保存。

第十六条　气象行政处罚决定应当公开，但法律、行政法规另有规定的除外。

公开的行政处罚决定被依法变更、撤销、确认违法或者确认无效的，气象主管机构应当在三日内撤回行政处罚信息并公开说明理由。

第十七条　气象行政处罚应当由具有行政执法资格的人员实施，执法人员不得少于两人。

气象行政执法人员与案件有直接利害关系或者有其他关系可能影响公正执法的，应当回避。

当事人认为气象行政执法人员与案件有直接利害关系或者有其他关系可能影响公正执法的，有权申请回避。

气象行政执法人员对实施行政处罚过程中知悉的国家秘密、商业秘密或者个人隐私，应当依法予以保密。

第十八条　气象主管机构应当依法收集证据，收集的证据经查证属实后作为认定案件事实的根据。证据包括：

（一）书证；

（二）物证；

（三）视听资料；

（四）电子数据；
（五）证人证言；
（六）当事人的陈述；
（七）鉴定意见；
（八）勘验笔录、现场笔录。

第二节　简易程序

第十九条　违法事实确凿并有法定依据，对公民处以二百元以下、对法人或者其他组织处以三千元以下罚款或者警告的行政处罚，气象主管机构可以当场作出行政处罚决定。

第二十条　当场作出气象行政处罚决定时，应当遵守下列程序：

（一）气象行政执法人员向当事人出示行政执法证件；
（二）当场查清当事人的违法事实，并制作检查或者调查笔录；
（三）向当事人说明违法的事实、气象行政处罚的理由和依据，并告知当事人依法享有的权利；
（四）听取当事人的陈述和申辩，当事人提出的事实、理由和证据成立的，应当采纳；
（五）使用统一的、有预定格式、编有号码的行政处罚决定书，载明当事人的违法行为、行政处罚的种类和依据、罚款数额、时间、地点，申请行政复议、提起行政诉讼的途径和期限以及气象主管机构的名称，并由气象行政执法人员签名或者盖章后，当场交给当事人；
（六）当事人拒绝签收行政处罚决定书的，气象行政执法人员应当在行政处罚决定书上注明。

气象行政执法人员当场作出的行政处罚决定，应当在决定之日起三日内报所属气象主管机构备案。

第二十一条　气象行政执法人员当场作出行政处罚决定，有下列情形之一的，可以当场收缴罚款：

（一）依法给予一百元以下罚款；

（二）不当场收缴事后难以执行的；

（三）在边远、水上、交通不便地区，气象行政执法人员依照本办法作出处罚决定后，当事人到指定银行或者通过电子支付系统缴纳罚款有困难而提出当场缴纳罚款的。

第二十二条 气象行政执法人员当场收缴的罚款，必须向当事人出具财政部门统一制发的专用票据，并自收缴之日起二日内，将罚款上交本级气象主管机构。气象主管机构应当在二日内，将罚款缴付指定的银行。

第三节 普通程序

第二十三条 除本办法第十九条规定可以适用简易程序当场作出决定的行政处罚外，气象主管机构实施的其他行政处罚均应当遵守本办法规定的普通程序。

第二十四条 气象主管机构在检查中发现或者接到举报、控告的气象违法行为或者移送的气象违法案件，应当予以审查，并在七日内决定是否立案。在现场检查过程中，发现涉嫌违法行为的，可以先行收集证据。

需要立案办理的案件，气象行政执法人员应当填写气象行政执法立案审批表，报本级气象主管机构负责人批准。立案的气象违法案件，应当及时组织调查取证。

第二十五条 气象行政执法人员调查取证时，应当主动向当事人或者有关人员出示行政执法证件。询问或者调查时，应当制作笔录。

气象行政执法人员进行询问或者调查时，应当允许当事人作辩解陈述，并将情况记入调查笔录，经当事人认可后，签字或者盖章。

第二十六条 气象行政执法人员在收集证据时，可以采取抽样取证的方法。在证据可能灭失或者以后难以取得的情况下，经气象主管机构负责人批准,可以先行登记保存,填写登记保存通知书,并在七日内及时作出处理决定。

第二十七条 气象行政执法人员收集、调取的书证、物证应当是原件、原物。调取原件、原物有困难的,可以提取复制件、影印件或者抄录件,也可以拍摄或者制作足以反映原件、原物外形或者内容的照片、录像。复制件、影印件或者抄录件和照片、录像由证据持有人(提供人)核对无误后注明与原件、原物一致,并注明出证日期、证据出处,同时签字或者盖章。

第二十八条 收集、调取的视听资料、电子数据应当是有关资料、数据的原始载体。调取原始载体有困难的,可以提取复制件,并注明制作方法、制作时间、制作人等。

气象主管机构可以利用互联网信息系统或者设备收集、固定违法行为证据。用来收集、固定违法行为证据的互联网信息系统或者设备应当符合相关规定,保证所收集、固定电子数据的真实性、完整性。

第二十九条 为查明案情,需要对案件中专门事项进行鉴定的,气象主管机构应当委托具有法定资质的机构进行;没有法定资质机构的,可以委托其他具备条件的机构进行。

委托鉴定应当制作鉴定委托书,并取得鉴定机构出具的书面鉴定意见。

第三十条 现场勘验检查应当通知当事人到场,无正当理由拒不到场的,在笔录中注明,不影响勘验检查的进行。

勘验检查的情况记入现场勘验检查笔录,当事人应当签字或者盖章。当事人拒不签字或者盖章的,气象行政执法人员应当在笔录中注明。

第三十一条 气象主管机构在办理行政处罚案件时,确需其他气象主管机构协助调查取证的,应当出具协助调查函,告知协助调查的原因、依据、调查内容等。

收到协助调查函的气象主管机构应当予以协助,在接到协助调查函之日起三十日内完成相关工作。需要延期完成或者无法协助的，应当在期限届满前告知提出协查需求的气象主管机构。

第三十二条 调查终结后，气象行政执法人员应当形成调查终结报告，提出已查明违法行为的事实、证据以及依法给予行政处罚的建议，报送法制审核。未经法制审核或者审核未通过的，不得作出处罚决定。

第三十三条 法制审核通过后，气象主管机构负责人应当对案件进行审查，根据不同情况，分别提出以下处理意见：

（一）确有应受行政处罚的违法行为的，根据情节轻重及具体情况，作出行政处罚决定；

（二）违法行为轻微依法可以不予行政处罚的，不予行政处罚；

（三）违法事实不能成立的，不予行政处罚；

（四）法律、法规和规章规定由县级以上人民政府有关部门实施处罚的，移送有关部门处理；

（五）气象违法行为涉嫌构成犯罪的，移送司法机关处理。

第三十四条 对情节复杂或者重大违法行为作出行政处罚，有下列情形之一的，气象主管机构负责人应当组织集体讨论决定并记录。

（一）拟作出较大数额罚款、没收较大数额违法所得等行政处罚的；

（二）认定事实和证据争议较大的，或者适用的法律、法规和规章有较大异议的；

（三）违法行为较恶劣或者危害较大的；

（四）对情节复杂或者重大违法行为给予较重的行政处罚的其他情形。

第三十五条 气象主管机构在作出行政处罚决定之前，应当制作行政处罚告知书，书面告知当事人拟作出行政处罚的内容及事实、理由、依据以及当事人依法享有的陈述权、申辩权。

当事人收到行政处罚告知书之日起五日内可以提出书面陈

述、申辩意见。逾期未提出的，视为放弃此权利，气象主管机构可以依法作出气象行政处罚决定。

第三十六条 依法给予气象行政处罚的案件，气象行政执法人员应当制作气象行政处罚决定书，报气象主管机构负责人批准后送达当事人。

第三十七条 气象行政处罚决定书，应当载明以下事项：

（一）当事人姓名（名称）、住址（地址）；

（二）违法事实和证据；

（三）行政处罚的种类和依据；

（四）行政处罚的履行方式和期限；

（五）申请行政复议、提起行政诉讼的途径和期限；

（六）加盖作出行政处罚决定的气象主管机构的印章，并写明制作日期。

第三十八条 气象行政处罚案件自立案之日起，应当在六个月内作出处理决定。特殊情况需要延长时间的，应当报上级气象主管机构批准。

第三十九条 作出行政处罚决定的气象主管机构应当在作出处罚决定之日起七日内，将气象行政处罚决定书送达当事人，并根据需要将副本抄送与案件有关的单位。

受送达人应当在送达回执上签字或者盖章并记明收到日期。签收日期即为送达日期。

受送达人是公民的，本人不在，交其同住成年家属签收；受送达人是法人或者其他组织的，应当由法人的法定负责人、其他组织的主要负责人或者该法人、组织负责收件的人签收。

受送达人拒绝签收的，送达人应当邀请有关基层组织或者受送达人所在单位人员到场见证，说明情况，并在送达回执上记明拒收理由和日期，由送达人、见证人签字或者盖章，把气象行政处罚决定书留置受送达人处，即视为送达。

受送达人同意并签订确认书的，可以采用传真、电子邮件等方式送达。传真、电子邮件等到达受送达人特定系统的日期为送达日期。

邮寄送达以挂号回执上注明的日期为送达日期。

受送达人下落不明，或者用其他方式无法送达的，可以公告送达。自发布公告之日起，经过六十日，即视为送达。公告送达，应当在案卷中注明原因和经过。

第四节　听 证 程 序

第四十条　依照气象法律、法规、规章，拟作出下列行政处罚决定，适用本节规定的听证程序：

（一）较大数额罚款；

（二）没收较大数额违法所得；

（三）其他较重的行政处罚。

第四十一条　气象主管机构对于适用听证程序的行政处罚案件，在开展行政处罚告知时，应当一并制作听证告知书，告知当事人有要求举行听证的权利。

当事人要求听证的，气象主管机构应当组织听证，当事人不承担听证费用。

第四十二条　听证按照下列程序组织：

（一）当事人申请听证的，应当在气象主管机构告知后五日内提出；

（二）气象主管机构应当在举行听证的七日前，通知当事人及有关人员听证的时间、地点；

（三）除涉及国家秘密、商业秘密或者个人隐私依法予以保密外，听证公开进行；

（四）听证设主持人、记录人各一名，均由非本案调查人员担任；

（五）听证由当事人、调查人员、证人以及与本案处理结果有直接利害关系的第三人参加，当事人可以亲自参加听证，也可以委托一至二人代理；

（六）当事人认为主持人、记录人与本案有直接利害关系的，有权申请回避，由主持人报气象主管机构负责人决定是否回避；

（七）当事人及其代理人无正当理由拒不出席听证或者未经同意中途退出听证的，视为放弃听证权利，气象主管机构终止听证；

（八）举行听证时，调查人员提出当事人违法的事实、证据、处罚依据以及行政处罚建议；

（九）当事人就案件的事实进行陈述和申辩，提出有关证据，对调查人员提出的证据进行质证；

（十）在听证过程中，主持人可以向调查人员、当事人、证人或者第三人发问，有关人员应当如实回答；

（十一）听证应当制作听证笔录，笔录应当交当事人或者其代理人核对无误后，由当事人或者其代理人签字或者盖章。当事人或者其代理人拒绝签字或者盖章的，记录人应当在笔录中注明。

第四十三条　听证结束后，主持人或者记录人应当制作听证报告，并将听证笔录、报告等听证结果报送气象主管机构。气象主管机构应当根据听证笔录，依照本办法第三十三条、第三十四条的规定作出处理决定。

第四章　行政处罚的执行

第四十四条　气象行政处罚决定依法作出后，当事人应当在处罚决定书载明的期限内，履行处罚决定。

当事人确有经济困难，可以向气象主管机构申请延期或者分期缴纳罚款，经气象主管机构批准后，暂缓或者分期缴纳。

当事人申请行政复议或者提起行政诉讼，不停止行政处罚决定的执行，法律另有规定的除外。

当事人逾期不履行行政处罚决定的，气象主管机构应当依法进行催告。经催告仍不履行的，申请人民法院强制执行。

第四十五条 罚款处罚实行决定罚款与收缴罚款分离制度。

当事人应当自收到气象行政处罚决定书之日起十五日内，到指定的银行或者通过电子支付系统缴纳罚款。

当事人到期不缴纳罚款的，作出处罚决定的气象主管机构可以每日按罚款数额的百分之三对当事人加处罚款，加处罚款的数额不得超过罚款的数额。

第四十六条 罚没款必须全部上缴国库。气象主管机构或者个人不得以任何方式截留、私分或者变相私分。

对罚没款的具体管理，按照财政部门的规定执行。

第四十七条 行政处罚案件办结后，气象主管机构应当按照一案一档的要求，及时将案件的全部材料立卷归档。

第四十八条 各级气象主管机构应当建立气象行政处罚的备案制度。

下级气象主管机构对上级指定办理的处罚案件、适用听证程序的处罚案件或者申请行政复议、提起行政诉讼的处罚案件，应当在作出行政处罚决定或者行政复议、行政诉讼结案后三十日内向上级气象主管机构备案。

第四十九条 气象主管机构通过接受当事人的申诉和检举，或者通过备案审查等途径，发现下级气象主管机构作出的行政处罚违法或者显失公正的，应当责令改正。

第五十条 各级气象主管机构应当建立行政处罚案件统计制度。

地方各级气象主管机构应当于每年1月31日前公开上年度行政执法统计数据，并报上一级气象主管机构。

第五章 附 则

第五十一条 本办法第四十条所称“较大数额罚款”“较大数额违法所得”，是指对公民处以五千元（不含五千元）以上罚款或者违法所得五千元以上（不含五千元），对法人或者其他组织处以五万元（不含五万元）以上罚款或者违法所得五万元（不含五万元）以上。

各省、自治区、直辖市通过的地方性法规或者地方政府规章对“较大数额罚款”“较大数额违法所得”的限额另有规定的，可以不受上述数额的限制。

第五十二条 气象行政处罚的执法文书，由国务院气象主管机构统一制定。

行政执法证件按照《全国统一行政执法证件标准样式》制作，由国务院气象主管机构统一制发管理。

第五十三条 本法中“二日”“三日”“五日”“七日”的规定是指工作日，不含法定节假日。

本办法未作规定的事项，遵照《中华人民共和国行政处罚法》的有关规定执行。

第五十四条 本办法自 2023 年 1 月 1 日起施行。2000 年 4 月 30 日公布的中国气象局第 1 号令《气象行政处罚办法》和 2009 年 4 月 4 日公布的中国气象局第 19 号令《中国气象局关于修改〈气象行政处罚办法〉的决定》同时废止。

司法解释

最高人民法院关于涉外民商事案件管辖若干问题的规定

（2022年8月16日最高人民法院审判委员会第1872次会议通过　2022年11月14日公布　自2023年1月1日起施行　法释〔2022〕18号）

为依法保护中外当事人合法权益，便利当事人诉讼，进一步提升涉外民商事审判质效，根据《中华人民共和国民事诉讼法》的规定，结合审判实践，制定本规定。

第一条　基层人民法院管辖第一审涉外民商事案件，法律、司法解释另有规定的除外。

第二条　中级人民法院管辖下列第一审涉外民商事案件：

（一）争议标的额大的涉外民商事案件。

北京、天津、上海、江苏、浙江、福建、山东、广东、重庆辖区中级人民法院，管辖诉讼标的额人民币4000万元以上（包含本数）的涉外民商事案件；

河北、山西、内蒙古、辽宁、吉林、黑龙江、安徽、江西、河南、湖北、湖南、广西、海南、四川、贵州、云南、西藏、陕西、甘肃、青海、宁夏、新疆辖区中级人民法院，解放军各战区、总直属军事法院，新疆维吾尔自治区高级人民法院生产建设兵团分院所辖各中级人民法院，管辖诉讼标的额人民币2000万元以上（包含本数）的涉外民商事案件。

（二）案情复杂或者一方当事人人数众多的涉外民商事案件。

（三）其他在本辖区有重大影响的涉外民商事案件。

法律、司法解释对中级人民法院管辖第一审涉外民商事案件另有规定的，依照相关规定办理。

第三条 高级人民法院管辖诉讼标的额人民币 50 亿元以上（包含本数）或者其他在本辖区有重大影响的第一审涉外民商事案件。

第四条 高级人民法院根据本辖区的实际情况，认为确有必要的，经报最高人民法院批准，可以指定一个或数个基层人民法院、中级人民法院分别对本规定第一条、第二条规定的第一审涉外民商事案件实行跨区域集中管辖。

依据前款规定实行跨区域集中管辖的，高级人民法院应及时向社会公布该基层人民法院、中级人民法院相应的管辖区域。

第五条 涉外民商事案件由专门的审判庭或合议庭审理。

第六条 涉外海事海商纠纷案件、涉外知识产权纠纷案件、涉外生态环境损害赔偿纠纷案件以及涉外环境民事公益诉讼案件，不适用本规定。

第七条 涉及香港、澳门特别行政区和台湾地区的民商事案件参照适用本规定。

第八条 本规定自 2023 年 1 月 1 日起施行。本规定施行后受理的案件适用本规定。

第九条 本院以前发布的司法解释与本规定不一致的，以本规定为准。

最高人民法院关于规范合议庭运行机制的意见

（2022年10月26日　法发〔2022〕31号）

为了全面准确落实司法责任制，规范合议庭运行机制，明确合议庭职责，根据《中华人民共和国人民法院组织法》《中华人民共和国法官法》《中华人民共和国刑事诉讼法》《中华人民共和国民事诉讼法》《中华人民共和国行政诉讼法》等有关法律和司法解释规定，结合人民法院工作实际，制定本意见。

一、合议庭是人民法院的基本审判组织。合议庭全体成员平等参与案件的阅卷、庭审、评议、裁判等审判活动，对案件的证据采信、事实认定、法律适用、诉讼程序、裁判结果等问题独立发表意见并对此承担相应责任。

二、合议庭可以通过指定或者随机方式产生。因专业化审判或者案件繁简分流工作需要，合议庭成员相对固定的，应当定期轮换交流。属于“四类案件”或者参照“四类案件”监督管理的，院庭长可以按照其职权指定合议庭成员。以指定方式产生合议庭的，应当在办案平台全程留痕，或者形成书面记录入卷备查。

合议庭的审判长由院庭长指定。院庭长参加合议庭的，由院庭长担任审判长。

合议庭成员确定后，因回避、工作调动、身体健康、廉政风险等事由，确需调整成员的，由院庭长按照职权决定，调整结果应当及时通知当事人，并在办案平台标注原因，或者形成书面记录入卷备查。

法律、司法解释规定“另行组成合议庭”的案件，原合议庭成员及审判辅助人员均不得参与办理。

三、合议庭审理案件时，审判长除承担由合议庭成员共同承担的职责外，还应当履行以下职责：

（一）确定案件审理方案、庭审提纲，协调合议庭成员庭审分工，指导合议庭成员或者审判辅助人员做好其他必要的庭审准备工作；

（二）主持、指挥庭审活动；

（三）主持合议庭评议；

（四）建议将合议庭处理意见分歧较大的案件，依照有关规定和程序提交专业法官会议讨论或者审判委员会讨论决定；

（五）依法行使其他审判权力。

审判长承办案件时，应当同时履行承办法官的职责。

四、合议庭审理案件时，承办法官履行以下职责：

（一）主持或者指导审判辅助人员做好庭前会议、庭前调解、证据交换等庭前准备工作及其他审判辅助工作；

（二）就当事人提出的管辖权异议及保全、司法鉴定、证人出庭、非法证据排除申请等提请合议庭评议；

（三）全面审核涉案证据，提出审查意见；

（四）拟定案件审理方案、庭审提纲，根据案件审理需要制作阅卷笔录；

（五）协助审判长开展庭审活动；

（六）参与案件评议，并先行提出处理意见；

（七）根据案件审理需要，制作或者指导审判辅助人员起草审理报告、类案检索报告等；

（八）根据合议庭评议意见或者审判委员会决定，制作裁判文书等；

（九）依法行使其他审判权力。

五、合议庭审理案件时，合议庭其他成员应当共同参与阅卷、庭审、评议等审判活动，根据审判长安排完成相应审判工作。

六、合议庭应当在庭审结束后及时评议。合议庭成员确有客观原因难以实现线下同场评议的，可以通过人民法院办案平台采取在线方式评议,但不得以提交书面意见的方式参加评议或者委托他人参加评议。合议庭评议过程不向未直接参加案件审理工作的人员公开。

合议庭评议案件时,先由承办法官对案件事实认定、证据采信以及适用法律等发表意见,其他合议庭成员依次发表意见。审判长应当根据评议情况总结合议庭评议的结论性意见。

审判长主持评议时,与合议庭其他成员权利平等。合议庭成员评议时,应当充分陈述意见,独立行使表决权,不得拒绝陈述意见;同意他人意见的,应当提供事实和法律根据并论证理由。

合议庭成员对评议结果的表决以口头形式进行。评议过程应当以书面形式完整记入笔录,评议笔录由审判辅助人员制作,由参加合议的人员和制作人签名。评议笔录属于审判秘密,非经法定程序和条件,不得对外公开。

七、合议庭评议时,如果意见存在分歧,应当按照多数意见作出决定,但是少数意见应当记入笔录。

合议庭可以根据案情或者院庭长提出的监督意见复议。合议庭无法形成多数意见时,审判长应当按照有关规定和程序建议院庭长将案件提交专业法官会议讨论,或者由院长将案件提交审判委员会讨论决定。专业法官会议讨论形成的意见,供合议庭复议时参考;审判委员会的决定,合议庭应当执行。

八、合议庭发现审理的案件属于"四类案件"或者有必要参照"四类案件"监督管理的,应当按照有关规定及时向院庭长报告。

对于"四类案件"或者参照"四类案件"监督管理的案件,院庭长可以按照职权要求合议庭报告案件审理进展和评议结果,就案件审理涉及的相关问题提出意见,视情建议合议庭复议。院庭长对审理过程或者评议、复议结果有异议的,可以决定将案件提交专业法官会议讨论,或者按照程序提交审判委员会讨论决定,但不得直接改变合议庭意见。院庭长监督管理的情况应当在办案平台全程留痕,或者形成书面记录入卷备查。

九、合议庭审理案件形成的裁判文书，由合议庭成员签署并共同负责。合议庭其他成员签署前，可以对裁判文书提出修改意见，并反馈承办法官。

十、由法官组成合议庭审理案件的，适用本意见。依法由法官和人民陪审员组成合议庭的运行机制另行规定。执行案件办理过程中需要组成合议庭评议或者审核的事项，参照适用本意见。

十一、本意见自2022年11月1日起施行。之前有关规定与本意见不一致的，按照本意见执行。

最高人民法院、最高人民检察院、教育部印发《关于落实从业禁止制度的意见》的通知

（2022年11月10日　法发〔2022〕32号）

各省、自治区、直辖市高级人民法院、人民检察院、教育厅（教委），解放军军事法院、军事检察院，新疆维吾尔自治区高级人民法院生产建设兵团分院、新疆生产建设兵团人民检察院、教育局：

为严格执行犯罪人员从业禁止制度，净化校园环境，保护未成年人，根据刑法、未成年人保护法、教师法等法律规定，结合执法司法实践反映的情况，最高人民法院会同最高人民检察院、教育部制定了《关于落实从业禁止制度的意见》。现予以印发，请结合实际认真贯彻执行。在执行中遇到问题，请及时分别报告最高人民法院、最高人民检察院、教育部。

最高人民法院、最高人民检察院、教育部关于落实从业禁止制度的意见

为贯彻落实学校、幼儿园等教育机构、校外培训机构教职员工违法犯罪记录查询制度，严格执行犯罪人员从业禁止制度，净化校园环境，切实保护未成年人，根据《中华人民共和国刑法》（以下简称《刑法》）、《中华人民共和国未成年人保护法》（以下简称《未成年人保护法》）、《中华人民共和国教师法》（以下简称《教师法》）等法律规定，提出如下意见：

一、依照《刑法》第三十七条之一的规定，教职员工利用职业便利实施犯罪，或者实施违背职业要求的特定义务的犯罪被判处刑罚的，人民法院可以根据犯罪情况和预防再犯罪的需要，禁止其在一定期限内从事相关职业。其他法律、行政法规对其从事相关职业另有禁止或者限制性规定的，从其规定。

《未成年人保护法》、《教师法》属于前款规定的法律，《教师资格条例》属于前款规定的行政法规。

二、依照《未成年人保护法》第六十二条的规定，实施性侵害、虐待、拐卖、暴力伤害等违法犯罪的人员，禁止从事密切接触未成年人的工作。

依照《教师法》第十四条、《教师资格条例》第十八条规定，受到剥夺政治权利或者故意犯罪受到有期徒刑以上刑罚的，不能取得教师资格；已经取得教师资格的，丧失教师资格，且不能重新取得教师资格。

三、教职员工实施性侵害、虐待、拐卖、暴力伤害等犯罪的，人民法院应当依照《未成年人保护法》第六十二条的规定，判决禁止其从事密切接触未成年人的工作。

教职员工实施前款规定以外的其他犯罪，人民法院可以根据

犯罪情况和预防再犯罪的需要，依照《刑法》第三十七条之一第一款的规定，判决禁止其自刑罚执行完毕之日或者假释之日起从事相关职业，期限为三年至五年；或者依照《刑法》第三十八条第二款、第七十二条第二款的规定，对其适用禁止令。

四、对有必要禁止教职员工从事相关职业或者适用禁止令的，人民检察院在提起公诉时，应当提出相应建议。

五、教职员工犯罪的刑事案件，判决生效后，人民法院应当在三十日内将裁判文书送达被告人单位所在地的教育行政部门；必要时，教育行政部门应当将裁判文书转送有关主管部门。

因涉及未成年人隐私等原因，不宜送达裁判文书的，可以送达载明被告人的自然情况、罪名及刑期的相关证明材料。

六、教职员工犯罪，人民法院作出的判决生效后，所在单位、教育行政部门或者有关主管部门可以依照《未成年人保护法》、《教师法》、《教师资格条例》等法律法规给予相应处理、处分和处罚。

符合丧失教师资格或者撤销教师资格情形的，教育行政部门应当及时收缴其教师资格证书。

七、人民检察院应当对从业禁止和禁止令执行落实情况进行监督。

八、人民法院、人民检察院发现有关单位未履行犯罪记录查询制度、从业禁止制度的，应当向该单位提出建议。

九、本意见所称教职员工，是指在学校、幼儿园等教育机构工作的教师、教育教学辅助人员、行政人员、勤杂人员、安保人员，以及校外培训机构的相关工作人员。

学校、幼儿园等教育机构、校外培训机构的举办者、实际控制人犯罪，参照本意见执行。

十、本意见自 2022 年 11 月 15 日起施行。

附：

一、2022年11月份报国务院备案并予以登记的地方性法规、自治条例、单行条例和地方政府规章目录

地方性法规

法规名称	公布日期	备案登记编号
天津市人民代表大会常务委员会关于修改《中国（天津）自由贸易试验区条例》的决定	2022年9月27日	国司备字［2022007241］
天津市标准化条例	2022年9月27日	国司备字［2022007242］
天津市生态文明教育促进条例	2022年9月27日	国司备字［2022007243］
天津市未成年人保护条例	2022年9月27日	国司备字［2022007244］
天津市预防未成年人犯罪条例	2022年9月27日	国司备字［2022007245］
石家庄市滹沱河保护条例	2022年10月4日	国司备字［2022007140］
石家庄市供热用热条例	2022年10月2日	国司备字［2022007141］
沈阳市城市社区建设促进条例	2022年10月12日	国司备字［2022007237］
阜新市工业遗产保护条例	2022年10月25日	国司备字［2022007238］
朝阳市文明行为促进条例	2022年9月28日	国司备字［2022007233］
延边朝鲜族自治州促进人参产业发展条例（修订）	2022年9月1日	国司备字［2022007146］

续表

法规名称	公布日期	备案登记编号
延边朝鲜族自治州人民代表大会关于废止《延边朝鲜族自治州法律援助条例》的决定	2022 年 9 月 1 日	国司备字〔2022007228〕
哈尔滨市生活垃圾分类管理条例	2022 年 8 月 30 日	国司备字〔2022007147〕
齐齐哈尔市市容和环境卫生管理条例	2022 年 8 月 30 日	国司备字〔2022007148〕
鸡西市文明祭祀条例	2022 年 8 月 31 日	国司备字〔2022007149〕
七台河市机动车停车条例	2022 年 8 月 30 日	国司备字〔2022007150〕
鹤岗市城市公共厕所管理办法	2022 年 8 月 26 日	国司备字〔2022007151〕
江苏省推进长三角区域社会保障卡居民服务一卡通规定	2022 年 9 月 29 日	国司备字〔2022007171〕
江苏省养老服务条例	2022 年 9 月 29 日	国司备字〔2022007172〕
江苏省交通建设工程质量和安全生产监督管理条例	2022 年 9 月 29 日	国司备字〔2022007173〕
江苏省公共法律服务条例	2022 年 9 月 29 日	国司备字〔2022007174〕
江苏省人民代表大会常务委员会关于加强省级预算审查监督的决定	2022 年 9 月 29 日	国司备字〔2022007175〕
南京市长江岸线保护条例	2022 年 10 月 11 日	国司备字〔2022007176〕
南京市人民代表大会常务委员会关于加强长江江豚保护的决定	2022 年 10 月 11 日	国司备字〔2022007177〕
苏州市平安建设条例	2022 年 10 月 12 日	国司备字〔2022007178〕
苏州市人民代表大会常务委员会关于修改《苏州市古建筑保护条例》等三件地方性法规的决定	2022 年 10 月 12 日	国司备字〔2022007179〕

续表

法规名称	公布日期	备案登记编号
苏州市人民代表大会常务委员会关于废止《苏州市集贸市场管理条例》的决定	2022年10月12日	国司备字［2022007180］
无锡市人民代表大会常务委员会关于修改《无锡市城市绿化管理条例》《无锡市建设工程安全生产管理条例》的决定	2022年10月10日	国司备字［2022007181］
徐州市水路交通运输条例	2022年10月11日	国司备字［2022007182］
常州市租赁住房安全管理条例	2022年10月11日	国司备字［2022007183］
南通市机动车停车条例	2022年10月10日	国司备字［2022007184］
盐城市养犬管理条例	2022年10月10日	国司备字［2022007185］
扬州市城市书房条例	2022年10月10日	国司备字［2022007186］
镇江市人民代表大会常务委员会关于加强长江江豚保护的决定	2022年10月10日	国司备字［2022007187］
淮安市建筑垃圾管理条例	2022年10月10日	国司备字［2022007188］
宿迁市海绵城市条例	2022年10月13日	国司备字［2022007189］
浙江省民生实事项目人大代表票决制规定	2022年9月29日	国司备字［2022007162］
浙江省电力条例	2022年9月29日	国司备字［2022007163］
浙江省固体废物污染环境防治条例	2022年9月29日	国司备字［2022007164］
浙江省公安机关警务辅助人员条例	2022年9月29日	国司备字［2022007165］
浙江省知识产权保护和促进条例	2022年9月29日	国司备字［2022007166］

续表

法规名称	公布日期	备案登记编号
浙江省推进长三角区域社会保障卡居民服务一卡通规定	2022 年 9 月 29 日	国司备字［2022007167］
浙江省人民代表大会常务委员会关于修改《浙江省县级以上人民政府行政执法监督条例》决定	2022 年 9 月 29 日	国司备字［2022007168］
浙江省人民代表大会常务委员会关于废止《浙江省信访条例》决定	2022 年 9 月 29 日	国司备字［2022007169］
杭州市非道路移动机械排气污染防治规定	2022 年 10 月 13 日	国司备字［2022007191］
湖州市居家养老服务条例	2022 年 10 月 9 日	国司备字［2022007192］
温州市生态环境服务机构管理条例	2022 年 10 月 12 日	国司备字［2022007193］
舟山市普陀山风景名胜区条例	2022 年 10 月 14 日	国司备字［2022007194］
绍兴市“枫桥经验”传承发展条例	2022 年 10 月 10 日	国司备字［2022007195］
安徽省推进长三角区域社会保障卡居民服务一卡通规定	2022 年 9 月 29 日	国司备字［2022007199］
安徽省养老服务条例	2022 年 9 月 29 日	国司备字［2022007200］
安徽省实施《中华人民共和国乡村振兴促进法》办法	2022 年 9 月 29 日	国司备字［2022007201］
安徽省实施《中华人民共和国农民专业合作社法》办法	2022 年 9 月 29 日	国司备字［2022007202］
安徽省街道人大工作条例	2022 年 9 月 29 日	国司备字［2022007203］
安徽省人民代表大会常务委员会关于废止《安徽省信访条例》的决定	2022 年 9 月 29 日	国司备字［2022007204］
合肥市非机动车安全管理条例	2022 年 10 月 13 日	国司备字［2022007205］

续表

法规名称	公布日期	备案登记编号
合肥市人民代表大会常务委员会关于修改《合肥市养犬管理条例》的决定	2022 年 10 月 13 日	国司备字［2022007206］
蚌埠市人民代表大会常务委员会关于修改《蚌埠市养犬管理条例》的决定	2022 年 10 月 8 日	国司备字［2022007207］
阜阳市停车场建设与管理条例	2022 年 10 月 17 日	国司备字［2022007208］
池州市松材线虫病防治条例	2022 年 10 月 14 日	国司备字［2022007209］
池州市人民代表大会常务委员会关于修改《池州市养犬管理条例》的决定	2022 年 10 月 14 日	国司备字［2022007210］
安庆市文明行为促进条例	2022 年 10 月 14 日	国司备字［2022007211］
滁州市乡村旅游促进条例	2022 年 10 月 17 日	国司备字［2022007212］
芜湖市人民代表大会常务委员会关于修改《芜湖市建筑垃圾管理条例》的决定	2022 年 10 月 18 日	国司备字［2022007213］
马鞍山市人民代表大会常务委员会关于加强长江江豚保护的决定	2022 年 10 月 8 日	国司备字［2022007214］
马鞍山市人民代表大会常务委员会关于修改《马鞍山市养犬管理条例》的决定	2022 年 10 月 8 日	国司备字［2022007215］
黄山市人民代表大会常务委员会关于修改《黄山市养犬管理条例》的决定	2022 年 10 月 17 日	国司备字［2022007216］
山东省残疾预防和残疾人康复条例	2022 年 9 月 21 日	国司备字［2022007119］
山东省齐长城保护条例	2022 年 9 月 21 日	国司备字［2022007120］
山东省固体废物污染环境防治条例	2022 年 9 月 21 日	国司备字［2022007124］
山东省治理货物运输车辆超限超载条例	2022 年 9 月 21 日	国司备字［2022007125］

续表

法规名称	公布日期	备案登记编号
济南市客运出租汽车管理条例	2022年9月21日	国司备字［2022007121］
烟台市海洋生态环境保护条例	2022年9月22日	国司备字［2022007122］
烟台市安全生产监督管理条例	2022年9月22日	国司备字［2022007123］
潍坊市文明行为促进条例	2022年9月22日	国司备字［2022007126］
菏泽市旅游促进条例	2022年9月27日	国司备字［2022007127］
枣庄市优化营商环境条例	2022年9月28日	国司备字［2022007128］
日照市机动车停车条例	2022年9月26日	国司备字［2022007129］
滨州市供热条例	2022年9月22日	国司备字［2022007130］
滨州市城镇容貌和环境卫生管理条例	2022年9月22日	国司备字［2022007131］
河南省科学技术协会条例	2022年9月30日	国司备字［2022007239］
湖北省人民代表大会专门委员会工作条例	2022年9月29日	国司备字［2022007132］
湖北省全民健身条例	2022年9月29日	国司备字［2022007133］
湖北省公共图书馆条例	2022年9月29日	国司备字［2022007134］
湖南省茶产业发展促进条例	2022年9月26日	国司备字［2022007143］
长沙市轨道交通条例	2022年10月21日	国司备字［2022007144］

续表

法规名称	公布日期	备案登记编号
益阳市生活垃圾分类管理条例	2022 年 10 月 11 日	国司备字［2022007145］
湘西土家族苗族自治州保靖黄金茶古茶树资源保护若干规定	2022 年 9 月 29 日	国司备字［2022007229］
深圳市人民代表大会常务委员会关于废止《深圳经济特区信访条例》的决定	2022 年 10 月 31 日	国司备字［2022007217］
珠海经济特区规范政府投资建设工程发包与承包行为若干规定	2022 年 10 月 25 日	国司备字［2022007196］
梅州市文明行为促进条例	2022 年 10 月 13 日	国司备字［2022007158］
惠州市文明行为促进条例	2022 年 10 月 12 日	国司备字［2022007159］
河源市暴雨灾害预警与响应条例	2022 年 11 月 1 日	国司备字［2022007197］
肇庆市城市市容和环境卫生管理条例	2022 年 10 月 8 日	国司备字［2022007160］
茂名市人民代表大会常务委员会关于修改《茂名市城市市容和环境卫生管理条例》《畜禽养殖污染防治条例》两项地方性法规的决定	2022 年 10 月 9 日	国司备字［2022007219］
广西壮族自治区人民代表大会常务委员会关于促进铝产业高质量发展的决定	2022 年 9 月 23 日	国司备字［2022007135］
广西壮族自治区人民代表大会常务委员会联系自治区人民代表大会代表办法	2022 年 9 月 23 日	国司备字［2022007136］
广西壮族自治区高速公路条例	2022 年 7 月 28 日	国司备字［2022007142］
广西壮族自治区人民代表大会常务委员会议事规则	2022 年 9 月 23 日	国司备字［2022007152］
广西壮族自治区人民代表大会常务委员会人事任免办法	2022 年 9 月 23 日	国司备字［2022007153］

续表

法规名称	公布日期	备案登记编号
钦州市农贸市场管理条例	2022年8月13日	国司备字［2022007218］
玉林市城市绿化条例	2022年8月18日	国司备字［2022007154］
防城港市农贸市场管理条例	2022年8月13日	国司备字［2022007155］
河池市城市养犬管理条例	2022年8月12日	国司备字［2022007156］
来宾市停车场管理条例	2022年8月18日	国司备字［2022007157］
海南自由贸易港药品进口便利化若干规定	2022年9月29日	国司备字［2022007137］
海南省人民代表大会常务委员会议事规则	2022年9月29日	国司备字［2022007138］
海南省绿色建筑发展条例	2022年9月29日	国司备字［2022007139］
海南省人民代表大会常务委员会关于修改《海南省妇女权益保障若干规定》等四件法规的决定	2022年9月29日	国司备字［2022007198］
重庆市反不正当竞争条例	2022年9月28日	国司备字［2022007236］
贵州省人民代表大会常务委员会讨论决定重大事项的规定	2022年3月30日	国司备字［2022007170］
云南省优化营商环境条例	2022年9月28日	国司备字［2022007230］
云南省人民代表大会常务委员会任免地方国家机关工作人员办法	2022年9月28日	国司备字［2022007231］
玉溪市人民代表大会常务委员会关于修改《玉溪市新平哀牢山县级自然保护区条例》的决定	2022年9月29日	国司备字［2022007232］

续表

法规名称	公布日期	备案登记编号
云南省宁蒗彝族自治县人民代表大会关于废止《云南省宁蒗彝族自治县林业管理条例》的决定	2022年10月24日	国司备字［2022007190］
甘肃省奖励和保护见义勇为人员条例	2022年9月23日	国司备字［2022007220］
甘肃省会计管理条例	2022年9月23日	国司备字［2022007221］
甘肃省农业机械管理条例	2022年9月23日	国司备字［2022007222］
甘肃省档案条例	2022年9月23日	国司备字［2022007223］
甘肃省实施《中华人民共和国工会法》办法	2022年9月23日	国司备字［2022007224］
甘肃省职工代表大会条例	2022年9月23日	国司备字［2022007225］
甘肃省实施《中华人民共和国体育法》办法	2022年9月23日	国司备字［2022007226］
甘肃省公众参与制定地方性法规办法	2022年9月23日	国司备字［2022007227］
武威市文明行为促进条例	2022年9月27日	国司备字［2022007234］
定西市城镇供热用热条例	2022年9月29日	国司备字［2022007235］
陇南市养犬管理条例	2022年10月8日	国司备字［2022007240］

地方政府规章

规章名称	公布日期	备案登记编号
沈阳市人民政府关于废止《沈阳市归侨侨眷权益保护实施办法》等部分政府规章的决定	2022年10月10日	国司备字[2022007258]
沈阳市劳动模范评选管理办法	2022年10月10日	国司备字[2022007259]
江苏省税费征管保障办法	2022年10月27日	国司备字[2022007262]
常州市起重机械安全管理办法	2022年10月27日	国司备字[2022007274]
南通市行政执法委托规定	2022年11月2日	国司备字[2022007257]
连云港市违法建设控制和查处管理办法	2022年10月30日	国司备字[2022007249]
连云港市文化生态保护区建设管理办法	2022年11月4日	国司备字[2022007250]
安徽省自建房屋安全管理办法	2022年9月30日	国司备字[2022007161]
淮北市扬尘污染防治管理办法	2022年10月18日	国司备字[2022007256]
马鞍山市建筑垃圾管理办法	2022年10月20日	国司备字[2022007273]
厦门市捐资兴学奖励办法	2022年10月22日	国司备字[2022007255]
泰安市河湖保护管理办法	2022年11月11日	国司备字[2022007253]
聊城市位山灌区管理办法	2022年11月2日	国司备字[2022007260]
洛阳市行政执法监督办法	2022年9月27日	国司备字[2022007265]

续表

规章名称	公布日期	备案登记编号
湖北省人民政府关于修改《湖北省教学成果奖励办法》的决定	2022 年 10 月 25 日	国司备字[2022007248]
黄石市人民政府关于修改《黄石市生活垃圾分类管理办法》的决定	2022 年 10 月 17 日	国司备字[2022007261]
珠海市人民政府关于修改《珠海市社会工作促进办法》的决定	2022 年 10 月 31 日	国司备字[2022007251]
珠海市人民政府关于废止《珠海市停车场管理办法》的决定	2022 年 11 月 9 日	国司备字[2022007252]
湛江市土地储备管理办法	2022 年 10 月 16 日	国司备字[2022007272]
阿坝藏族羌族自治州人民政府起草地方性法规草案和制定规章程序规定	2022 年 9 月 22 日	国司备字[2022007263]
昆明市实施《云南省阳宗海保护条例》办法	2022 年 10 月 27 日	国司备字[2022007246]
周原遗址保护管理办法	2022 年 10 月 13 日	国司备字[2022007266]
宝鸡市人民政府起草地方性法规草案和制定政府规章程序规定	2022 年 10 月 16 日	国司备字[2022007267]
宝鸡市城市生活饮用水二次供水管理办法	2022 年 10 月 20 日	国司备字[2022007268]
宝鸡市测绘地理信息管理办法	2022 年 10 月 20 日	国司备字[2022007269]
宝鸡市水资源管理办法	2022 年 11 月 7 日	国司备字[2022007270]
东营市人民政府关于修改《东营市物业管理办法》的决定	2022 年 9 月 28 日	国司备字[2022007271]
宁夏回族自治区人民政府关于废止和修改部分政府规章的决定	2022 年 9 月 27 日	国司备字[2022007264]

二、中华人民共和国新法规汇编2022年目录索引

法　律

有关法律问题的决定

行政法规

国务院文件

国务院部门规章

司法解释

图书在版编目（CIP）数据

中华人民共和国新法规汇编.2022年.第12辑：总第310辑/司法部编.—北京：中国法制出版社，2023.3

ISBN 978-7-5216-3316-0

Ⅰ.①中… Ⅱ.①司… Ⅲ.①法规-汇编-中国-2022 Ⅳ.①D920.9

中国国家版本馆CIP数据核字（2023）第034268号

中华人民共和国新法规汇编

ZHONGHUA RENMIN GONGHEGUO XIN FAGUI HUIBIAN

（2022年第12辑）

编者/司法部

经销/新华书店

印刷/三河市紫恒印装有限公司

开本/850毫米×1168毫米　32开　　印张/5.25　字数/113千

版次/2023年3月第1版　　2023年3月第1次印刷

中国法制出版社出版

书号 ISBN 978-7-5216-3316-0　　定价：18.00元

北京市西城区西便门西里甲16号西便门办公区

邮政编码：100053　　传真：010-63141600

网址：http://www.zgfzs.com　　编辑部电话：010-63141663

市场营销部电话：010-63141612　　印务部电话：010-63141606

（如有印装质量问题，请与本社印务部联系。）